新时代智库出版的领跑者

感谢国家社科基金"'一带一路'沿线国家信息数据库"重大专项支持
（项目号：17VDL001，项目组长：刘元春）

本丛书为国家社科基金重大研究专项"推动绿色'一带一路'建设研究"
（项目号：18VDL009）、国家社科基金一般项目"新时代中国能源外交战略研究"
（项目号：18BGJ024）的阶段性成果

国家智库报告 2023（17）
National Think Tank
"一带一路"区域国别丛书 12

总主编 刘元春　执行主编 许勤华

中国人民大学
国家发展与战略研究院
National Academy of Development and Strategy, RUC

印度尼西亚对外经济政策研究

夏敏 著

INDONESIA'S FOREIGN ECONOMIC POLICY

中国社会科学出版社

图书在版编目(CIP)数据

印度尼西亚对外经济政策研究 / 夏敏著. —北京：中国社会科学出版社，2023.6

（国家智库报告）

ISBN 978-7-5227-1631-2

Ⅰ.①印… Ⅱ.①夏… Ⅲ.①对外经济政策—研究—印度尼西亚 Ⅳ.①F134.251

中国国家版本馆 CIP 数据核字（2023）第 067560 号

出 版 人	赵剑英
项目统筹	王 茵 喻 苗
责任编辑	郭曼曼
责任校对	赵雪姣
责任印制	李寡寡

出　　版	中国社会科学出版社
社　　址	北京鼓楼西大街甲 158 号
邮　　编	100720
网　　址	http://www.csspw.cn
发 行 部	010-84083685
门 市 部	010-84029450
经　　销	新华书店及其他书店
印刷装订	北京君升印刷有限公司
版　　次	2023 年 6 月第 1 版
印　　次	2023 年 6 月第 1 次印刷
开　　本	787×1092　1/16
印　　张	9
插　　页	2
字　　数	85 千字
定　　价	49.00 元

凡购买中国社会科学出版社图书，如有质量问题请与本社营销中心联系调换
电话：010-84083683
版权所有　侵权必究

中国人民大学国家发展与战略研究院
"一带一路"区域国别丛书
编委会

编委会委员（排名不分先后）

王　轶	杜　鹏	刘元春	严金明	杨光斌
陈　岳	金　鑫	林　晨	张晓萌	金灿荣
蒲国良	黄大慧	邢广程	杨　恕	孙壮志
王　帆	戴长征	王逸舟	陈志瑞	王　振
达　巍	翟　崑	许勤华	翟东升	马　亮

总　序

中国人民大学国家发展与战略研究院"一带一路"研究中心集中国人民大学国际关系学院、经济学院、环境学院、财政金融学院、法学院、公共管理学院、商学院、社会与人口学院、哲学院、外国语学院和重阳金融研究院的相关人文社科优势学科团队共二十位研究员，组成了中国人民大学国家高端智库领导下的全校"一带一路"研究的整合平台和多学科研究团队，着力于提供"一带一路"倡议的智力支持，为学校"一带一路"研究、区域国别学科和国家安全学科建设作出贡献。

团队围绕"一带一路"建设与中国国家发展、"一带一路"倡议对接沿线国家发展战略、"一带一路"倡议与新型全球化、"一带一路"倡议关键建设领域（基础设施投资、文明互鉴、绿色发展、风险治理、区域整合）四大议题展开研究，致力于构建"一带一路"沿线国家信息数据库,并在大数据基础上,深入分析沿线国家军事、政治、经济、社会和环境变化,推出"一带一路"区域国别丛书年度系列,为促进"一带一路"建设夯实理论基础,提供政策制定的智力支撑。国别报告对"一带一路"地区关键合作64个对象国进行分类研究,规划为文化系列、安全系列和金融系列三个系列。

习近平主席倡导国与国之间的文明互鉴,强调文化共融是国际合作成败的基础,深入了解合作国家的安全形势是保障双方合作顺利的前提,资金渠道的畅通是实现"一带一路"建设共商、共建、共享的关键。当今世界正在经历百年未有之大变局,"一带一路"倡议面临着巨大的机遇与挑战,因此我们首先完成国别研究的安全系列,希冀为"一带一路"合作保驾护航。在国家社科重大项目"'一带一路'沿线国家信息数据库"(项目组长刘元春教授)完成后,数据库将在条件成熟时,尝试以可视化形式在国发院官网呈现。这也是推出国别报告正式出版物的宗旨。国发院积极为国内外各界提供内部政策报告以及产学研界亟需的社会公共研究产品,作为"世界一流高校"为国家社科建设贡献一份力量。

感谢全国哲学社会科学工作办公室的信任,感谢项目其他两个兄弟单位上海社会科学院和兰州大学的协作，三家在"一带一路"建设重大专项国别和数据库项目研究中通力合作、充分交流，举办了各类学术交流活动，体现了在全国哲学社会科学工作办公室领导下的一种成功的、新型的、跨研究机构的合作研究形式，中国人民大学能够作为三家单位合作研究的秘书处单位深感荣幸。

项目执行组长　许勤华
中国人民大学国际关系学院教授
中国人民大学国家发展与战略研究院副院长
中国人民大学欧亚研究院执行院长

前　言

2013年10月，中国国家主席习近平在印度尼西亚国会发表了重要演讲，首次明确提出中国愿意与东盟国家一起加强海上合作，希望与东盟国家一起携手共建"21世纪海上丝绸之路"。2015年，中国政府提出了"21世纪海上丝绸之路"的建设重点，这条"海上丝绸之路"将从中国沿海港口出发，经由南海到印度洋，最终延伸至欧洲。印尼既有丰富的自然资源，又占据重要的战略地理位置，加上庞大的人口规模，它毫无疑问是"海上丝绸之路"沿线非常重要的节点国家。印尼总统佐科·维多多曾多次在各种场合指出要将印尼建成海洋强国，而实现这一战略目标的主要瓶颈在于印尼落后的基础设施。为了解决国内建设资金短缺的问题，佐科总统非常重视引进中国的资金来实现海洋强国的发展目标。中印尼两国在各自的发展大战略上高度契合。

自"一带一路"倡议提出以来，中国在印尼的投资项目逐年增加。根据《中国贸易外经统计年鉴》的数据，2008年中国对印度尼西亚承包工程合同金额为32.78亿美元，2020年在疫情冲击下这一数字仍达到了119.23亿美元。中印尼两国在基础设施方面的主要标志性项目是雅加达—万隆高铁项目，该项目是中国与印度尼西亚经贸合作的一项重要成果，一旦建成将成为东南亚地区的第一条高铁。同时印尼巨港轻轨项目在2018年8月全线试运行后，为2018年在印尼举行的亚运会提供了交通支持。两国在能源开发方面也有很多大型项目，如西爪哇加蒂格迪大坝项目、芝拉扎100万千瓦燃煤电站项目、明古鲁燃煤电站项目等。

虽然大量中国企业在"走出去"的过程中取得了骄人的成绩，与印尼合作方的工程合同金额逐年增加，但同时我们也注意到，合同签订后的工程建设仍然是一个非常艰巨的任务。面对不同的政治经济制度、迥异的文化社会习俗，要保障中国的投资项目在印尼的顺利实施，就必须对印尼的投资环境和外资政策有深入的了解。作为一个处在政治转型时期的穆斯林人口大国，全球化带来的政治经济与社会的变迁使得印尼的国内投资环境更加复杂。传统与现代、民族与世界、封闭与开放这些对立关系在印尼政治经济发展的关键节点上存在着引发矛盾的风险，从而影响印尼的投资环境和外资政策。为保障中国企业的海外投资利益，规避东道国投资风险，研究印尼的国内政治与外部因素对其外资政策的影响就显得尤为必要。

本报告的另一项意义在于尝试为当前的区域国别研究提供更有深度的研究视角和理论框架。"一带一路"沿线国家情况各异，政治经济制度、历史文化、社会习俗都有很大的差异，为了更好地加强与这些国家的经贸合作，保障中国企业在海外的投资利益，有针对性的区域国别研究非常必要。然而缺乏理论框架的区域国别研究容易陷入数据和事实的堆砌，同时也很难满足跨国比较研究的条件。本报告试图将国际政治经济学和比较政治学的研究路径与区域国别研究的悠久传统结合起来。一方面，国际政治经济学和比较政治学的理论框架为观察印度尼西亚国内政治变迁和对外经济政策的演化提供了一般性的视角；另一方面，区域国别研究的深度资料为解释印尼政治经济体制的特殊性奠定了坚实的基础。

虽然本报告主要是以印度尼西亚为研究案例，但在具体分析中笔者遵循了国际政治经济学中关于国内政治变迁影响对外经济政策的传统路径，同时也借鉴了比较政治学中关于中央与地方关系、政治转型等理论框架。笔者相信有了国际政治经济学和比较政治学的理论基础，这项研究将不仅仅局限于一国的讨论，同样的分析框架可以扩展到其他国家，从而真正在区域国别研究中搭建起比较的框架。

摘要： 印度尼西亚作为举足轻重的地区性大国，不仅拥有丰富的自然资源，而且具备以庞大人口基数为支撑的国内市场，是中国重要的贸易伙伴和投资目的地。随着双边经贸投资往来的不断加深，特别是中国国家主席习近平提出"一带一路"倡议之后，中印尼关系日益密切。

印尼佐科政府上台后，将改善印尼的基础设施状况作为施政重点。大量中资企业与印尼合作方在基础设施、能源开发和承包工程等多个领域开展了广泛的合作，双方在投资经贸上互利共赢的态势越发明显。为了更好地保障中国在印尼的投资利益，促进双方合作关系的进一步深化，有必要深入研究印尼的外资政策，特别是分析影响其外资政策的国内和国际因素。

本报告首先回顾了从印尼独立到政治转型时期的外资政策演变过程，并分析了这一时期影响印尼外资政策的国内政治和外部因素。报告研究的重点是印尼政治转型后的外资政策演变和根源。笔者认为随着印尼政治经济转型的进行，印尼国内的选举政治、地方分权、社会组织的发展等因素都将对印尼的投资环境和政府的外资政策制定和执行带来一定的影响。印尼海洋强国战略与中国"一带一路"倡议的契合为双方的经贸合作奠定了良好的基础，而研究印尼当前的外资政策，对于双方进一步加深合作，降低投资过程中的经济和社会风险提供了可靠的参考。2020年蔓延全球的新冠疫情给中国和印尼的经济发展带来了一定的冲击，但是危机中蕴藏着机会。双方在疫情中的守望相助增进了两国的友谊，疫情中数字经济的快速发展也为双方今后的合作拓展了更广阔的空间。

关键词：中印尼合作；"一带一路"；印尼国内政治；对外经济政策

Abstract: As an important regional power, Indonesia is rich in natural resources and has a big domestic market supported by a large population. It is an important trading partner and investment destination for China. With the expansion of bilateral investment, especially after the launch of China's "Belt and Road Initiative", China-Indonesia relations have become increasingly close.

After becoming the president of Indonesian, Joko Widodo proposed the priority of his administration as improving the infrastructure of Indonesia. Since then, Indonesian government has carried out extensive cooperation with Chinese enterprises in various fields such as infrastructure, energy development and contracting projects. Both sides have become more and more aware of the mutual benefit and win-win situation in investment and trade. In order to protect China's investment interests in Indonesia and strengthen of bilateral cooperation, it is necessary to conduct in-depth research on Indonesia's foreign investment policy, especially the domestic and international factors affecting its foreign investment policy.

This study first reviews the evolution of foreign investment policy from Indonesia's independence to political transition and analyzes the domestic political and external factors affecting Indonesia's foreign investment policy during this period. This study focuses on the evolution and roots of foreign investment policy in Indonesia after political transition. The author believes that with the political and economic transformation of Indonesia, factors such as electoral politics, decentralization, and the development of social organizations in Indonesia will have a certain impact on Indonesia's investment environment and the government's foreign investment policy formulation and implementation. The alignment of Indonesia's maritime power strategy with China's "Belt and Road Initiative" has laid a good foundation for economic and trade cooperation between the two sides and studying Indonesia's current foreign investment policy provides a reliable reference for the two sides to further deepen cooperation and reduce economic and social risks in the investment process.

The global pandemic in 2020 has had a certain impact on the economic development of China and Indonesia, but there are opportunities in the crisis. The mutual assistance of the two sides in the epidemic has enhanced the friendship between the two countries, and the rapid development of the digital economy during the epidemic has also expanded a broader space for future cooperation between the two sides.

Key words: Cooperation between China and Indonesia; Belt and Road initiative; Domestic politics of Indonesia; Foreign Economic Policy

目　　录

一　印尼经济发展概况与对外经济关系 …………（1）
　（一）工业化进程中的产业发展 ……………（3）
　（二）印尼的对外经济关系 …………………（11）

二　印尼外资政策的演变与动因 ……………（22）
　（一）苏哈托执政前期的开放政策：
　　　1966—1972 年 ……………………（23）
　（二）苏哈托执政中期的外资限制：
　　　1973—1982 年 ……………………（30）
　（三）苏哈托执政后期的重新自由化：
　　　1983—1997 年 ……………………（39）
　（四）后金融危机时代的深化改革 …………（46）

三　国内政治转型与投资环境变化 …………（52）
　（一）央地分权对印尼外资政策的影响 ………（52）

（二）地方自治对外资项目实施的影响 ……… (59)

（三）社会组织壮大与企业社会责任标准的
提高 ……………………………………… (65)

（四）总统选举与对外经济政策 ……………… (71)

四 中印尼经济合作："一带一路"倡议与"海洋强国"的战略契机 ……………… (78)

（一）印尼与中国经贸合作的基础 ……………… (79)

（二）印尼与中国经贸合作的落实和建设 …… (90)

（三）中国在印尼的主要投资项目 …………… (98)

（四）疫情背景下的中印尼合作及
"一带一路"建设 ……………………… (109)

五 结论 ……………………………………… (113)

主要参考文献 ……………………………… (116)

一 印尼经济发展概况与对外经济关系

印度尼西亚位于亚洲的东南部，是世界上最大的群岛国家，由上万个大小岛屿组成。这些岛屿分布分散，其中面积较大的岛屿包括爪哇岛、苏门答腊岛和加里曼丹岛。印尼的岛群大致可以分为大巽他群岛、小巽他群岛、马鲁古群岛及巴布亚四部分，其首都雅加达位于爪哇岛上，为印度尼西亚最大城市。①

印尼拥有丰富的自然资源，主要为农林产品和矿产石油。印尼盛产橡胶和棕榈油，是世界上棕榈油产量最高的国家，而天然橡胶的产量居世界第二。印尼的矿产资源也很丰富，石油、天然气和锡的储量可观，同时还拥有丰富的铀、镍、铜、铬等。印尼是亚洲第

---

① 商务部国际贸易经济合作研究院、中国驻印度尼西亚大使馆经济商务处、商务部对外投资和经济合作司：《对外投资合作国别（地区）指南：印度尼西亚（2021年版）》，2022年3月29日，http://www.mofcom.gov.cn/dl/gbdqzn/upload/yindunixiya.pdf。

二大石油生产国，石油产量居世界第20位。印尼的石油储量估计为33亿桶，主要油田包括苏门答腊油气区、爪哇油气区、东加里曼丹油气区。2021年，印度尼西亚石油产量为691千桶/日。①

印度尼西亚是亚洲最大的天然气生产国，其天然气主要产自苏门答腊的阿伦和东加里曼丹的巴达克等地。印尼的加里曼丹岛和苏门答腊岛等地区有着丰富的煤矿资源，这些地区的煤矿多为露天矿，易开采，同时煤炭的质量也很好。2020年底，印尼煤炭探明储量为34869百万吨。② 印尼的邦加和勿里洞、林加群岛的新格岛等地盛产锡，其储量约为80万吨。同时，印尼镍的探明储量居世界第5位。印尼金矿资源丰富，排名世界第8位。目前印度尼西亚境内绝大多数的岛屿都探明有黄金储藏，其最大的金矿坐落在中巴布亚省的格拉斯贝格，这也是世界最大的金矿之一。印度尼西亚的铜矿资源同样丰富，是仅次于智利和秘鲁的世界第三大铜矿出口国。

印尼拥有着广阔的海域，毗邻太平洋和印度洋，

---

① 英国石油公司BP网站数据，2022年11月17日，https://www.bp.com/en/global/corporate/energy-economics/statistical-review-of-world-energy/energy-charting-tool-desktop.html.html#/results/et/oil-prod/unit/kb/d/regions/IDN/view/bar。

② 英国石油公司：《BP世界能源统计年鉴（2021年版）》，2022年11月17日，https://www.bp.com/en/global/corporate/energy-economics/statistical-review-of-world-energy.html。

拥有丰富的渔业资源。印尼苏门答腊岛东岸的巴干西亚比亚是世界著名的大渔场。印尼林业资源同样丰富，森林和林地占国土面积的比重仅次于亚马逊地区。印度尼西亚常年高温多雨，水资源非常丰富，其境内共有河流5590条，全国径流量达28113立方米，占世界总量的6%。印尼的多山地形使其蕴含丰富水能，其水力发电据估计蕴藏着7500万千瓦的潜力。

（一）工业化进程中的产业发展

印尼的工业化进程自1945年发展至今，其产业结构经历了不断的变化。在经济发展过程中，印尼的农业、工业和服务业的产值占比都曾发生过显著变化。在工业化过程中，农业在印尼国民经济中的地位逐渐下降，由产值占比最高变为产值占比最低，成为对印尼经济贡献度最低的产业部门。印尼的工业产值占比则整体呈现上升趋势，历经了快速上升，快速下降，然后再稳定上升的过程。印尼前总统苏西洛在位期间曾明确提出要在2025年将印度尼西亚建设成为工业强国，形成以制造业为支撑的产业结构。在政府的大力支持下，印尼的制造业得到了较快发展。数据显示，2010—2014年，制造业已经成为拉动经济发展的主导产业，所占比重已达第二产业比重的一半，并且保持着平稳发展的态势。① 自2014年起，印尼出现了去工业化趋势，服务业取代工业成为最大产业部门。印尼服务业的变化较为平稳，其产值占比逐步提升，目前已经成为印尼经济中产值占比最大的产业。②

1. 农业的基础性地位

印度尼西亚优越的地理环境和气候条件为种植业、林业和畜牧业的发展创造了有利的条件。在工业化初期，印尼的农业在国民经济中占据着重要的地位。农业增长主要依靠水稻、玉米、棕榈油、大豆以及橡胶等农产品。③ 但是印尼的农业发展也存在一些制约条件，比如，耕地被占用、人均耕地面积狭小、区域发展不平衡、农业机械化水平较低等。

印尼政府非常重视农业发展，致力于提高农民的收入，通过政策引导、财政资金支持等方式推动农业的现代化。自2008年以来，印尼农业整体发展水平不断提升，印尼农业现代化水平也有了较大程度的提升。但是，与发达国家及其他东盟邻国相比，印尼农业现

---

① 吉香伊：《印度尼西亚工业化的进程和发展策略》，《东南亚纵横》2017年第3期。
② 卢泽回：《印度尼西亚产业结构演变研究》，经济管理出版社2018年版，第58页。
③ 中国驻印度尼西亚大使馆：《印尼大力提升农业生产的综合能力》，2011年8月7日，http://id.chineseembassy.org/chn/yncz/t852584.htm。

代化水平仍有一定的差距,当前尚处于从传统阶段向现代化阶段过渡的时期,且转型的步伐较为缓慢。印尼目前发展现代农业主要面临的问题有:科技发展水平低、应用少;农民教育水平较低;农业的机械化水平较低、主要依靠引进国外农机;同时也缺乏配套完善的农业水利设施。

就农业内部结构而言,在粮食作物与经济作物协调发展的同时,林业、牧业及渔业也越来越受到政府的重视。尤其是前总统苏西洛在任期间,高度重视农业发展,积极挖掘农业经济的增长点,印尼的种植业、渔业和畜牧业获得了良好的发展条件。[①] 不过在印尼的工业化进程中,印尼的农业部门在国民经济中的地位逐渐下降,产值占比和就业比重不断缩小,当前农业已成为印尼国民经济中产值占比最小的部门。

2. 工业发展的上下起伏

工业是印度尼西亚国民经济的第二大产业部门,工业产值比重处于较高水平。20世纪七八十年代,印尼发展战略中占主导地位的是进口替代工业化战略,印尼的本土工业在有利环境中获得了长足的发展。由于国际油价攀升以及出口利好的刺激,再加上以矿业

[①] 卢泽回:《经济转型背景下印尼农业结构演变研究》,《生产力研究》2014年第4期。

为主的主导部门的驱动作用,印尼国内制造业产值在国民经济中的比重不断攀升。① 但值得注意的是,印尼的工业结构较为单一,主要是以石油加工业为代表的资本密集型产业和以橡胶、纺织为代表的劳动密集型产业。② 印尼国内劳动力普遍教育水平较低、技术发展水平相对落后,因此印尼实现工业产业转型升级的支撑要素不足,国内创新能力受限,难以实现高层次的赶超和发展。这些制约因素在一定程度上影响了印尼经济的增长潜力。

近年来,由于劳动力素质不高、基础设施欠缺以及科技研发投入不足等因素,印尼制造业的发展放缓。2016年,印度尼西亚的工业产值增速低于5%,工业增长速度的放缓势必拖累印尼的经济增速。与此同时,印尼工业增长值所占GDP的比重不断下滑,2019年工业增加值对GDP的贡献仅为38.95%,呈现出"逆工业化"的趋势。这一趋势引起了印尼政府的高度关注,为了重整印尼工业,政府陆续出台了涉及10个产业的调整振兴计划,包括纺织、钢铁、汽车、天然气、矿业、海产品、棕榈油等。政府的长期愿景是印尼制造业年均增长率达到8%左右,并争取在2025年前跻身

---

① 卢泽回:《印度尼西亚产业结构演变研究》,经济管理出版社2018年版,第54页。
② 吉香伊:《印度尼西亚工业化的进程和发展策略》,《东南亚纵横》2017年第3期。

世界工业强国。① 2018年4月，印尼政府敲定10项优先步骤来实施第四次工业革命路线图，计划以此推动印尼经济增长，并将制造业作为发展重点。②

在印尼的工业结构中，制造业、矿业占绝对主导地位，是工业发展的主线。近年来，印尼的建筑业开始取得较高的增长速度，年均增长率为6.7%。与此同时，矿业、采石业、油气工业出现明显的萎缩。2015年，矿业和采石业的增长率为-3.4%，出现了负增长，呈现出明显的收缩趋势。油气工业也显著下滑，2015年增长率为-5%，2016年的增长率则为-10.7%，出现持续的下降趋势。

3. 服务业的迅速发展

随着工业化的发展，印尼服务业在国民经济的地位发生明显改变，当前服务业已经发展成为印度尼西亚国民经济中最主要的产业部门。服务业在国民经济中的比重于2014年超越工业比重，2018年达到23.41%，2020年达到历史最高值44.40%。同时，印尼的服务业也成为国内吸纳就业的第一大部门，雇用了大量贫困人口和妇女，如图1-1所示。

---

① 吴崇伯：《印尼制造业振兴计划及其成效与困境分析》，《东南亚研究》2016年第3期。
② 《印尼开始落实工业4.0路线图》，《国际日报》2018年10月5日A3版。

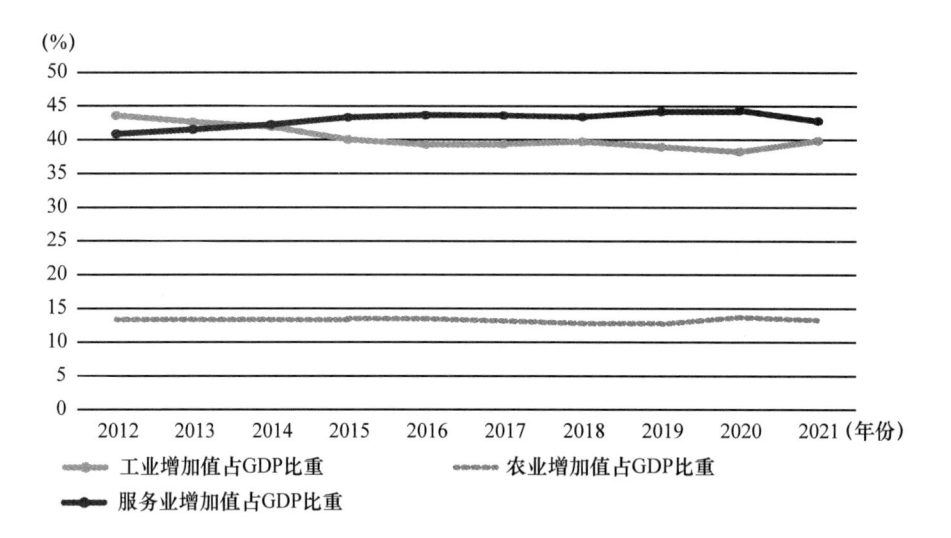

图 1-1　2012—2021 年农业、工业及服务业增加值占 GDP 比重

资料来源：世界银行。

首先是印尼的交通运输业、金融业、旅游业等主要服务业部门发展迅速，尤其是信息和通信产业，最近 6 年的年均增长率达到 10.2%，是印尼 GDP 增速的 2 倍。其次是交通运输和仓储业，近 6 年来，年均增长率均为 7.4%，这一增速高于印尼同期 GDP 的增速。再次是保险金融行业，近 6 年年均增长 7.9%。

虽然发展迅速，但是印尼服务业也受到劳动力文化水平较低，基础配套设施不足、制度环境不完善等因素的制约。从长远来看，为了提高对外商投资者的吸引力，促进本国服务业的发展，印尼应当通过重点发展旅游、运输等传统部门，并将这些传统服务业与电子商务、金融等现代服务业相结合，从而促进本国服务业的竞争力。①

4. 当前的经济举措

为了全面振兴印尼经济，促进印尼社会的进步，增强印尼在全球的竞争能力，2014年10月上台的佐科政府制定了一系列相关的政策措施，具体包括：第一，重新配置政府预算，将预算资金重点投向基础建设领域，其中2015年基建预算资金比2014年增长近1倍；第二，降低监督机制对投资的限制，努力解决征地困难问题，全面实施"一站式"服务和"三小时准证办理"服务；第三，制定更加优惠的税收政策，简化投资审批程序，鼓励外资企业投资印尼；第四，完善有关法律法规，如制定并颁布PPP项目总统规定等；第五，提高政府部门的规划能力，提高预算执行率，使有限资金更为有效地投入到基础设施和生产性领域；第六，注重制造业和旅游业发展，通过提升出口和吸引外国游客来增加外汇收入。② 此外，为缩小较为发达的爪哇岛与其他地区的发展差距，印尼政府自2018年7月起计划在爪哇岛外新建数个经济增长中心。印尼政府

---

① 彭晓钊：《印尼服务业发展研究》，《对外经贸》2017年第2期。
② 商务部国际贸易经济合作研究院、中国驻印度尼西亚大使馆经济商务处、商务部对外投资和经济合作司：《对外投资合作国别（地区）指南：印度尼西亚（2019年版）》，http://www.mofcom.gov.cn/dl/gbdqzn/upload/yindunixiya.pdf。

将推出3个国家级项目以促进形成新经济增长极,包括有潜力的大都会加速发展计划、城市和农村同步振兴计划、偏远和边境地区基础设施和基本服务加速发展计划。①

在现有产业结构和政府经济措施的支撑下,印尼经济在佐科政府上台后实现了较为稳定的增长。2016年,印尼原显疲软的经济渐有起色,下行趋势被扭转,印尼GDP的年均增长率从2015年的4.88%增长至2019年的5.02%,显现出良好的发展势头。从2012年到2019年,印度尼西亚的GDP增长率均在5%上下波动,保持了平稳高速的增长态势。然而2020年,由于疫情影响,印尼经济出现了大幅负增长,扣除价格因素后,其二季度实际GDP同比下降5.32%。② 这是自1999年第一季度以来,印尼GDP的最大降幅。从行业看,住宿和餐饮是受疫情负面影响最严重的领域,其次是运输和仓储业,降幅分别是92.47%和90.34%。③不过,尽管有疫情的冲击,印尼经济中的一些行业仍呈现

---

① 商务部国际贸易经济合作研究院、中国驻印度尼西亚大使馆经济商务处、商务部对外投资和经济合作司:《对外投资合作国别(地区)指南:印度尼西亚(2019年版)》,http://www.mofcom.gov.cn/dl/gbdqzn/upload/yindunixiya.pdf。

② BPS-Statistics Indonesia, "Economic Growth of Indonesia Second Quarter 2020", 5 August 2020, https://www.bps.go.id/pressrelease/2020/08/05/1737/-ekonomi-indonesia-triwulan-ii-2020-turun-5-32-persen.html.

③ 中国驻印尼大使馆经商参赞处:《新冠疫情导致大部分企业收入减少》,2020年10月9日,http://id.mofcom.gov.cn/article/jjxs/202010/20201003006359.shtml。

出正增长的态势，其中信息和通信行业增长0.58%，农业、林业和渔业增长1.29%，房地产行业则增长了0.07%。[①]

表1-1　　　　　　　印尼宏观经济发展状况

年份	GDP（亿美元）	GDP年增长率（%）	人均GDP（现价美元）
2014	8908.15	5.01	3491.62
2015	8608.54	4.88	3331.70
2016	9318.77	5.03	3562.85
2017	10156.19	5.07	3837.65
2018	10422.40	5.17	3893.85
2019	1119.19	5.02	4135.57
2020	10586.89	-2.1	3870.56
2021	11860.93	3.70	4291.81

资料来源：世界银行。

（二）印尼的对外经济关系

印尼拥有丰富的自然资源，同时也是世界第四大人口大国。一方面，良好的气候条件、充沛的能源储备以及丰富的原材料供应为印尼发展工业、开展国际贸易提供了坚实的基础。另一方面，庞大的人口基数为印尼提供了充足的劳动力，同时也支撑起广阔的国

[①] BPS-Statistics Indonesia, "Economic Growth of Indonesia Second Quarter 2020", 5 August 2020, https://www.bps.go.id/pressrelease/2020/08/05/1737/-ekonomi-indonesia-triwulan-ii-2020-turun-5-32-persen.html.

内市场。在进口方面，印尼的主要进口商品是工业用品，如原油、电信设备、机动车辆等，同时也包括化工和电子行业这些类别的最终产品。在出口方面，印尼主要出口原料及初级加工品，以煤、棕榈油、天然气、服装、电气设备为主，如表1-2、表1-3所示。

表1-2 2014—2019年印度尼西亚主要进口产品 单位：百万美元

产品＼年份	2014	2015	2016	2017	2018	2019
原油	43459.9	24613.2	18739.8	24316.2	29868.8	21885.3
特种工业机械	12292.1	10281.5	3460.2	11572.2	13225.3	12026.3
电信设备	7010.6	3794.8	3224.8	7426.9	8855.3	8368.6
机动车辆	2328.9	1859.5	589.0	2501.9	2899.9	2267.6
小麦和混合麦	2387.3	2082.8	2408.2	2647.8	2571.0	2799.3
钢铁管材	1789.9	827.1	537.5	815.6	1159.1	1159.1
化肥	1822.1	1786.2	1422.4	1707.5	1916.7	1534.9

资料来源：印度尼西亚中央统计局。

表1-3 2014—2019年印度尼西亚主要出口产品 单位：百万美元

产品＼年份	2014	2015	2016	2017	2018	2019
原油	9215.0	6479.4	5196.7	5354.9	5151.9	1726.6
天然气	17180.3	10340.8	7036.8	8764.4	10377.3	8261.1
石油产品	3623.5	1754.2	872.0	1643.0	1642.6	1801.5
煤	18697.7	14717.3	12914.6	17877.0	20631.3	18957.2
棕榈油	18615.0	16427.0	15966.4	20340.9	17898.8	15574.4
服装	6256.0	6410.9	6229.8	6752.1	7322.5	7072.2
电气设备	5013.1	4510.4	4565.7	4967.4	5071.0	5267.2
橡胶粉	4595.1	3564.1	3243.0	4958.3	38367	34261

资料来源：印度尼西亚中央统计局。

印尼既有丰富的自然资源，又有广阔的国内市场和充沛的劳动力资源，同时坐落在国际贸易航线的重要位置，在开展对外经济交流方面有着天然的优势。早在殖民地时期，荷兰殖民者就将印尼作为开拓亚洲贸易的据点。第二次世界大战期间，印尼被日本占领，成为日本的原料和能源供给地。独立后的印尼开始从促进自身利益的角度开展对外经济交流，除了加强与东盟国家以及中国的经济联系，印尼还非常重视大国平衡外交，通过安全合作、贸易往来、外资引入等方式与美、日、印度等大国加强了政治和经济关系。从表1-4我们可以看出，美国和印尼长期以来保持着密切的经济联系，近年来美国在印尼的投资一直在稳步增长。日本在印尼的投资项目则表现出非常迅猛的增长势头，无论是项目数量，还是金额，都已经远超美国。印度对印尼的投资起步较晚，但是发展也很快，不过从数量上来看，远远无法和美、日相比。

表1-4　　　　2010—2018年印度尼西亚实际落地投资

来源地的项目及投资额　　单位：个，百万美元

年份	美国		日本		印度	
	项目	投资额	项目	投资额	项目	投资额
2010	100	930.9	321	712.6	44	8.9
2011	112	1487.8	421	1516.1	58	41.9
2012	97	1238.3	405	2456.9	58	78.1

续表

年份	美国		日本		印度	
	项目	投资额	项目	投资额	项目	投资额
2013	210	2435.8	958	4712.9	121	65.0
2014	179	1299.5	1010	2705.1	137	37.1
2015	261	893.2	2030	2877.0	236	57.2
2016	540	1161.9	3302	5400.9	485	55.0
2017	625	1992.8	3646	4996.2	509	286.6
2018	572	1217.6	3166	4952.8	405	82.1

资料来源：Statistical Yearbook Indonesia，印度尼西亚国家统计局，http://www.bps.go.id/。

1. 印尼与美国关系——经济合作中的安全考量

1949年12月，印度尼西亚与美国建立了外交关系，但当时两国的经济往来与政治关系并不是很密切。1968年，苏哈托总统上台后，美国开始向印尼提供经济和军事援助，两国的政治经济关系得到全面强化。数据显示，1967—1995年，美国对印尼的投资接近400亿美元，其中绝大部分资金都投向了油气产业，当时的美国是印尼最大的外资来源国。[①] 这一时期，两国的贸易额也迅速增长，到1997年美国对印尼出口总额超过45亿美元，进口总额增至约92亿美元，此后两国的贸易额都维持在较高水平。1998年亚洲金融危

---

① 孙西辉：《中等强国的"大国平衡外交"——以印度尼西亚的中美"平衡外交"为例》，《印度洋经济体研究》2019年第6期。

机期间,美国还给予印尼2亿美元的官方援助。

美国借由经济手段稳定与印尼的关系,这更多的是出于安全考量,在印尼与美国的关系中战略安全的关切永远是第一位的。首先,印尼地理位置特殊,印尼与马来西亚间的马六甲海峡是海上要道,许多国家的战略物资都要通过这里运输。其次,冷战结束后,印尼作为世界上穆斯林人口最多的国家,成为美国打击东南亚地区伊斯兰主义恐怖组织网络所需要积极争取的盟友。[①]"9·11"事件后,印尼总统访问美国,表达了印尼在反恐问题上对美国的支持态度,两国的军事合作由此恢复并不断发展。[②]

美国在印尼的投资是与其在东南亚政治安全战略的推行相辅相成的。在政府机构和民间组织的合力推动下,美国通过提供教育援助、人道主义援助以及在印尼政治转型过程中提供选举援助等方式,不但巩固了与印尼的政治关系,而且加强了双方的经济联系。在美国奥巴马总统任期内,美国与印尼关系发展迅速。2010年,两国建立了全面伙伴关系,开展了广泛的合作,创建了"美国—印度尼西亚商业对话"机制,签署了海事合作备忘录,并加强了海洋产业发展技术方

---

① 杨建国:《论析后冷战时代美国的印度尼西亚政策》,《东南亚纵横》2017年第3期。

② 杜兰:《近期美国与东盟防务合作的新动向》,2019年11月19日,http://cn.chinausfocus.com/m/show.php?id=41629。

面的合作。2015年,印尼和美国的双边关系由"全面伙伴"提升至"战略伙伴",美国企业对印尼的投资和出口稳步增长。[①] 美国特朗普总统上台后,基于印尼的战略地位,双方依然保持着较高的经济互动水平。2017年美国副总统彭斯访问印尼,双方讨论了改善经济和贸易合作的问题以及全球和平与安全问题。2020年9月,美国和印尼签署了《加强基础设施融资和市场建设合作框架》协议,以促进双方在基础设施和金融市场上的合作。在投资方面,美国近年来对印尼落实的投资额都在10亿美元以上,2017年接近突破20亿,较前一年增长了71%。2018年双边商品贸易总额超过了290亿美元,服务贸易总额约39亿美元。

2. 印尼与日本关系——经济互补与产业转移

印尼与日本两国在经济上具有很强的互补性:一方面,印尼自然资源丰富,石油、天然气以及矿产资源储量大,又扼守海上交通要道,而日本则资源贫乏,能源自给率低;另一方面,日本是区域内经济实力强劲的发达国家,拥有充裕的资金和先进的技术,并且需要转移国内淘汰的落后制造业,而印尼国内的生产

[①] Ann Marie Murphy, "US Rapprochement with Indonesia: From Problem State to Partner", *Contemporary Southeast Asia*, Vol. 32, No. 3, December 2010, p. 378.

成本低廉、市场广阔，迫切需要外资和技术来促进产业转型升级以加速经济发展。对于日本来说，印尼在东盟内部举足轻重，巩固与印尼的关系有利于扩大自身在区域内的政治影响力，再加上双方在海洋等领域有广泛合作前景，因此日本和印尼的双边关系特别是经贸关系不断发展。

  印尼在第二次世界大战期间曾经沦为日本的殖民地。第二次世界大战后，日本通过援助、投资、贸易等手段拉近和印尼的关系，特别是其中的"赔偿外交"对拓展日本对印尼的投资发挥了重要作用。日本政府通过日本企业向印尼提供赔偿，这些赔偿往往是以机械设备的形式提供。在接受了日本企业的设备后，由于既没有操作和维修机械设备的本土技术人员，又缺乏保养和维修设备的配套零件和设施，印尼不得不在操作技术培训和设备后期维护上继续依赖日本企业，这客观上帮助日本产品进入印尼市场。同时，日本政府还向印尼提供优惠贷款，要求印尼政府将贷款用于指定工程项目或者购买日本的成套设备，这也扩大了日本产品的出口。[①] 1977年日本提出"福田主义"，表示要与东南亚国家建立心心相印的相互依赖关系，缓和印尼民众对日本的敌意，促进双边关系的发

[①] Thee Kian Wie, "Interactions of Japanese Aid and Direct Investment in Indonesia", *ASEAN Economic Bulletin*, Vol. 11, No. 1, 1994, p. 28.

展。1997年亚洲金融危机期间，日本曾向印尼提供了24亿美元的贷款，帮助其缓解压力，恢复经济建设。①

进入21世纪以来，印尼和日本一直都保持着较为良好的经济合作态势。2007年，两国签署了《日本与印度尼西亚经济伙伴协定》，随后日本对印尼的直接投资稳步上升，2013年达到了47.13亿美元，跃升为印尼当年最大的外资来源国。2015年，印尼总统佐科访问了日本，两国签订了有关加强海上合作及港口基础设施建设等协议。在此之后，两国高层来往密切，先后举行了数次首脑会议和外长会议，讨论深化基础设施建设和加强海洋合作、人力资源开发合作等议题。日本对印尼的投资额近几年都保持在50亿美元左右，2019年甚至达到了84亿美元，创历史新高，投资落地项目也超过了3000个，数量远高于其他国家，投资领域也逐渐从传统农矿业、制造业向多元化产业转移。作为印尼的第二大贸易伙伴，日本与印尼的贸易额在2019年达到了315.4亿美元，领先于美国和新加坡。2020年7月，日本向印尼政府提供了500亿日元的贷款及20亿日元援助金，以支持其对抗新冠疫情。②

---

① 张惠林：《亚洲金融危机后日本对印度尼西亚的外交政策》，硕士学位论文，兰州大学，2016年。
② Noto Suoneto, Birgitta Riani, "After Abe, Opportunities Loom for Japan-Indonesia Relations", September 22, 2020, https://thediplomat.com/2020/09/after-abe-opportunities-loom-for-japan-indonesia-relations/.

3. 印尼与印度关系——平衡战略带动的经贸合作

印尼和印度分别是东南亚和南亚最大的国家，在历史上两国就有着密切的联系。第二次世界大战后，两国都致力于反对殖民统治，也是最早倡导不结盟运动的国家，虽然20世纪60年代两国因为印巴战争等因素发生过矛盾，但在冷战结束后，由于国际局势的缓和，两国关系逐渐好转。① 印度于20世纪90年代提出"东向政策"，开始将外交重点转向东亚及东南亚国家，加强同这些国家的交往与合作。印尼也提出了"向西看"的外交战略，这一战略与印度的"东向政策"产生了交集，有力地推动了两国的海洋合作。② 对于印尼来说，印度是其在本地区平衡外部大国势力的重要依托。为贯彻区域内的大国平衡战略，印尼进一步加强了与印度的合作。

2005年，印尼和印度建立了新型战略伙伴关系。2007年，两国成立了联合防务委员会。2011年，印尼总统苏西诺访问印度，印度以较高礼节接待，双方在安全和经济领域的合作不断加强。③ 2016年12月，佐

---

① Chietigj Bajpaee, "Reviving the India-Indonesia Relationship", November 11, 2016, https://thediplomat.com/2016/11/reviving-the-india-indonesia-relationship/.

② 熊灵、陈美金：《中国与印尼共建21世纪海上丝绸之路：成效、挑战与对策》，《边界与海洋研究》2017年第2期。

③ 许利平：《印尼—印度战略伙伴关系：动因、发展及影响》，《南亚研究季刊》2011年第2期。

科总统首次访问印度,访印期间两国发表了联合声明。2018年,两国总统互访并宣布正式进入全面战略伙伴关系阶段,同时讨论了有关双方长期发展、战略协调及海洋合作等问题。海洋安全一向是两国合作的重要领域,印尼与印度于2018年先后签署了《海洋合作共同愿景》和《防务合作协定》,进一步加强了双边合作。进入21世纪以来,两国海上联合军演不断加强,已先后完成了三十余次海上联合巡逻,"安全对话会议"等不同级别的对话机制也日趋完善。[1]

在经济方面,印尼与印度的合作没有与日、美的合作那样密切,但是近年来两国在政治安全合作加强的同时也提升了双方的经济互动空间。印度国内以重工业和新兴科技产业为主,但是缺乏能源和原材料,因此印度成为印尼煤炭和棕榈油等的第二大出口地,两国有很大的经济合作潜力。近年来,印度对印尼的直接投资数额总体呈上升态势,特别是2017年,印度对印尼的实际投资额达到了2.87亿美元,虽然相比其他大国,这一数据并不突出,但是增长速度显著,投资主要集中于木材加工业以及食品饮料等行业。双方在贸易额方面的增长更加明显,印尼目前是印度在东南亚地区最大的贸易伙伴,2018年双边贸易额超过了

---

[1] 李次园:《印度—印度尼西亚海洋安全合作:新特征、逻辑动因与未来动向》,《太平洋学报》2020年第8期。

200亿美元,相比2005年的数值翻了5倍。同时,印度还是印尼最大的贸易顺差来源地,2018年的顺差额达到了87.2亿美元。此外,两国还计划在2025年完成500亿美元的贸易合作。印尼与印度的合作不仅有利于提升双边关系,扩大两国在地区内部的影响力,而且很大程度上促进了南亚和东盟的区域合作以及南南合作。

二 印尼外资政策的演变与动因

一国的外资政策是衡量这个国家对外开放程度以及参与世界经济潜在能力的重要指标。通过前一部分对印尼产业经济历史与现状的分析，我们看到印尼不仅在东南亚地区经济中扮演着非常重要的角色，而且也具备成为全球贸易与投资大国的潜力，因此印尼的外资政策备受东南亚邻国以及世界经济中其他重要参与方的关注。在本部分中，笔者将回顾印尼从独立以来一直到政治转型时期的外资政策演变，并探寻其背后的生成逻辑。在对待外资的态度上，独立以后的印尼由于国内政治变迁和世界格局巨变，曾经在限制与开放中来回反复。但总的来说印尼的外资政策经历了从限制逐渐走向开放的过程，在这一过程中印尼经济与世界经济建立起越来越紧密的联系，并积极扮演着区域经济大国的角色。

作为荷兰曾经的殖民地，印尼在独立前基本没有民族工业，民族资本只占国民经济5%的份额，而以荷兰为主的外国资本却占95%，主要投资于经济作物、采矿和交通运输。印尼在1945年独立以后，迫切希望能将本国丰富的自然资源重新掌握到印尼人民手中。苏加诺政府为了实现快速工业化采取了进口替代的经济发展路线。1951年3月，印尼成立了工业化委员会，由国家承担起推动经济增长和建立进口替代工业体系的主要任务。1957—1959年，印尼对荷兰人在印尼的私有企业实行了国有化。从1963年开始，印尼政府对英美企业也实行了国有化。到1965年时，已经很少有外国公司在印尼进行经营活动。1965年印尼发生军事政变。1966年上台执政的苏哈托开启了威权统治模式，在经济上则一改对西方国家资本的排斥态度，逐渐走上了融入资本主义阵营的道路。从1966年上台到1998年辞去总统职位，苏哈托时期印尼外资政策的发展演变经历了三个阶段。[①]

（一）苏哈托执政前期的开放政策：1966—1972年

1. 外资政策从限制走向开放

1966年苏哈托上台执政时，印尼不仅面临着严重

[①] J. Thomas Lindblad, "Foreign Direct Investment in Indonesia: Fifty Years Of Discourse", *Bulletin of Indonesian Economic Studies*, Vol. 51, No. 2, 2015, pp. 217–237.

的通胀问题，同时背负着大量外债、缺少发展资金，其经济也几乎陷入停滞。在此情况下，通过吸引外资、争取外援从而恢复国内经济成为苏哈托政府的首要任务。为此，印尼改变了独立以来对外资的敌视态度，逐渐放松了对外国投资的限制，积极回应外商投资者的要求，将原本收归国有的大量外资企业归还给外国投资者并给予一定的补偿。由于逐渐好转的营商环境，国外资本开始重新回归印尼。

1967年印尼政府颁布了《对外投资法》，放松了对外资进入的限制。在该法案中，印尼政府大幅减少了对外资设置的限制，除了禁止外资投资于国防、军事、公用事业、新闻传播等领域外，其他投资领域均向外资开放。除放开对外资的限制，印尼政府还希望通过政府干预积极将流入印尼的外国资金引导到对印尼经济增长有着积极效应的行业，比如可增加国家外汇收入的出口行业，短期快速盈利能力强且具有显著就业带动作用的行业，以及促进生产效率和技术进步的行业。[①] 在投资形式上，印尼政府要求在石油及矿业部门投资的外国投资者必须与政府签订产品分成合同，其他行业则允许外资企业独资经营，也鼓励外国投资者与印尼本土企业进行合营。同时，政府为投资者提

---

① 饭田吉辉、贝红：《印度尼西亚的外资政策和外资情况》，《南洋资料译丛》1977年第3期。

供了丰厚的优惠待遇,包括免除五年公司所得税和利润税,免除财产税和印花税,对生产所需的机器设备免除进口税,加速固定资产折旧,允许自由汇出企业利润等。[①] 在劳动力方面,政府对雇用外籍员工限制亦较少。

为了提振投资者信心、减少投资者对国有化的顾虑,印尼政府明确保证除非基于国家利益需要等特殊情况,将不会对外资企业进行国有化。若因特殊情况而进行国有化,将给予赔偿。[②] 为了给投资者提供更多的便利,印尼政府也与美国以及许多欧洲国家签订了投资安全保证协定和避免双重税收的协定。

1970年,大量外资涌入采掘行业,重新引发了印尼国内舆论关于外国势力控制印尼自然资源的担忧,不加限制的外资政策受到了批评,政府被迫对《1967年外国投资法案》作出相应的调整。在新的法案中,印尼政府明确了鼓励外资进入的优先投资行业,并规定只为真正有利于促进印尼经济发展的行业部门提供优惠待遇,取消了非优先投资行业的免税期。同时,政府也将禁止外资投资的行业部门扩大至39个行业。虽然印尼政府收缩了政策优惠范围,但

---

① 汪慕恒:《印度尼西亚外资政策的演变》,《当代亚太》1995年第6期。
② 饭田吉辉、贝红:《印度尼西亚的外资政策和外资情况》,《南洋资料译丛》1977年第3期。

是总体而言其外资政策仍然有利于外商投资者。这一时期流入印尼的外商投资金额规模并未受此法案的影响，仍然保持了持续增长的势头。1971年，印尼修改了商业法并设立了投资统筹机构以简化投资手续、加强对外资的管理，同时也完善了与投资相关的法律制度。①

总体而言，1966—1972年，印尼实行了对外商投资友好的开放政策。② 这一外资政策的转变，引起了印尼的传统投资者，特别是日本和美国公司的投资兴趣，流向印尼的国际直接投资（FDI）持续增长。印尼政府批准的外国投资从1967年的1.25亿美元增加到1972年的5.22亿美元（如表2-1所示）。就FDI流入的产业分布而言，这一时期外国投资者的投资兴趣主要集中在自然资源的开发，大多数FDI流向了采掘业（特别是矿业），制造业吸引的外国投资比例较小（如表2-2所示）。由于外资的持续流入，印尼逐渐走出了高通胀的阴影，1967—1972年，人均GDP的年均增长率达到6.5%，实现了经济的快速发展。

---

① 饭田吉辉、贝红：《印度尼西亚的外资政策和外资情况》，《南洋资料译丛》1977年第3期。
② Hal Hill, *Foreign Investment and Industrialization in Indonesia*, New York: Oxford University Press, 1988.

表 2-1　　1967—1972 年印尼实际批准的外商投资和国内投资

单位：百万美元

年份	外商投资	国内投资
1967	125	—
1968	230	13
1969	682	101
1970	345	319
1971	426	939
1972	522	718

资料来源：Hal Hill, *Foreign Investment and Industrialization in Indonesia*, New York: Oxford University Press, 1988, p.36.

表 2-2　　1967—1977 年印尼实现的 FDI 主要流入行业

部门	金额（百万美元）	占比（%）
农业、林业、渔业	310	5
矿产和石油业（石油）	3975（3453）	65（57）
制造业	1549	25
服务业	259	4
总计	6093	100

资料来源：Hal Hill, *Foreign Investment and Industrialization in Indonesia*, New York: Oxford University Press, 1988, p.81.

2. 开放外资政策的国内政治基础

苏哈托上台初期，印尼经济被高额的外债和高通胀所困扰，增速非常缓慢。为巩固自己的政治地位，苏哈托需要尽快稳定经济形势，而当时复苏印尼经济的关键点就在于解决急需的发展资金。苏哈托政府选择的策略是通过吸引援助、贷款和投资以偿还外债，从而促进经济发展并创造更多的就业机会。这一时期，印尼国内民众受高失业率和经济停滞的不利影响，希望政府拿出具体的举措重振经济。可以说，当时政府和民众在发展经济的目标上是一致的，因此苏哈托政府上台之初的一系列对外开放举措得到了国内民众的支持。

与此同时，来自印尼债权国和国际经济组织的压力也成为改革印尼对外经济政策的强大动力。苏哈托执政初期，高额的外债成为印尼经济发展的巨大障碍，为此政府将重新安排印尼的外债偿还问题作为这一时期最重要的任务。政府邀请国际货币基金组织和世界银行的工作小组来到印尼，与本国的经济学家和官员一起合作，制定新的经济政策，帮助解决印尼国内经济的问题。① 同时政府还通过保持与外国政府和其他国际组织的协商，尽力说服外国投资者和国际金融机构为其提供更多的资金、贷款及紧急援助以渡过经济困境。②

印尼政府首先在说服主要债权国同意延缓印尼的债务偿还方面获得突破。通过与债权国政府的协商，印尼政府的债务获得了一定程度的减免，并争取到了

---

① Jeffrey Alan Winters, *Power in Motion: Capital Mobility and the Indonesian State*, New York: Cornell University Press, 1996.

② Andrew Rosser, *The Politics of Economic Liberalization in Indonesia: State, Market and Power*, Routledge, 2013.

国外政府的贷款。1966年9月,在日本举行了讨论印尼债务问题的国际会议,与会者包括美国、荷兰、法国、世界银行以及国际货币基金组织等国家和国际组织的代表。1966年12月,"巴黎俱乐部"召开会议,这次会议主要由印尼的主要债权国参加。会议作出了同意延长印尼债务偿还期限的决定,新的偿还期限为30年且无需支付利息。[①] 减免债务的同时,苏哈托政府还从日本和西欧分别获得了3000万和3.5亿美元的借款。1967年,在阿姆斯特丹召开了援助印尼国际财团(IGGI, Inter-Government Group on Indonesia)的第一届大会,组成这一财团的包括荷兰、日本、美国、英国等14个国家以及世界银行、亚洲开放银行等4个国际组织。与会各方在这次大会上达成协议,同意向印尼政府提供2亿美元的紧急援助资金。[②] 在接下来的几年时间里,流入印尼的援助资金一直保持了稳定的状态。

作为减免债务和提供援助的条件,国际组织与债权国要求印尼政府制定更加以市场为导向的经济政策,并创造对外国投资更加友好的营商环境。可以说,这一时期印尼政府之所以出台开放性外资政策的主要原因是由于苏哈托政府亟须稳定国内经济,从而巩固其

[①] 王受业:《印尼外债述评》,《亚太研究》1993年第1期。
[②] Heinz Arndt, "Banking in Hyperinflation and Stabilization", in B. Glassburner ed., *The Economy of Indonesia*, Cornell University Press, 1966.

政治统治，因此在来自债权国和国际经济组织的压力之下改变了印尼独立以来对外资的限制政策。印尼的外资政策在其独立以后进入了第一个对外开放的阶段。

减免债务和援助资金帮助印尼政府在短期内稳定住了国内经济形势，然而要实现经济的长远发展，必须出台优惠的外资政策，吸引更多的国外投资，这样才能振兴国家的生产能力、促进国内经济长期健康发展。外资政策是一项非常重要的指标，它向外国投资者表明了印尼政府对于FDI的态度。为了向外商投资者传递清晰而积极的信号，重新获得投资者的信任，并且吸引更多资金的流入，印尼政府一改过去限制性的外资政策，推出了几乎对外商投资不设限制的开放性外资政策，比如《1967年外国投资法案》。这种开放性外资政策的出台主要是由于印尼自身的经济危机推动形成了政策改革的国内政治共识。但是由于在债权国和国际经济组织的外部压力之下，这种政策改革进行得太快，受到国内舆论的批评，所以1970年印尼政府的外资政策有所收紧。不过总的来说，印尼外资政策在这一时期的趋势是走向开放的。

（二）苏哈托执政中期的外资限制：
1973—1982年

在苏哈托执政中期，印尼的外资政策有所变化，主要是从初期的开放政策变为对外资的限制政策。造成这种政策转变的原因，一方面是由于国内经济发展中出现的问题引起了民众对外国资本的不满，政府面临着来自国内舆论的压力。另一方面，20世纪70年代国际经济形势的巨变极大地改善了印尼的国际收支状况，使得印尼政府不必过分依赖于外资来筹措经济发展所需的资金，因此可以放手对外国投资进行一定限制。

1. 国内政治压力

1972—1980年，印尼人均GDP增长率下降到了4.7%，增长速度出现了放缓的迹象。印尼民众对于经济疲软和失业率上升极为不满，而其情绪宣泄的矛头则直接指向了进入印尼的外国资本。大学生、媒体和衰落的本土资产阶级纷纷对政府的外资政策进行攻击，认为开放政策加深了外国资本对印尼经济的控制，导致社会大量财富被外国资本家掠夺，加剧了社会不平等，印尼人民在发展过程中未能实现发展，反而逐渐被边缘化。由于第二次世界大战时期曾经受到日本的侵略，印尼民众尤其反感日本资本控制印尼经济资源。[①]

1974年，在日本首相田中角荣访问印尼期间，首都雅加达发生了民众示威事件。上千名大学生和工人

---

① Andrew Rosser, *The Politics of Economic Liberalization in Indonesia: State, Market and Power*, Routledge, 2013.

走上雅加达街头，烧毁了数百辆汽车，尤其是日本品牌的汽车，以此表达对外国资本控制印尼经济的愤怒和对本国政府外资政策的不满。骚乱事件后，出于安抚民众的目的，印尼政府进一步加强了对原住民经济的保护和扶持，并出台了限制外资企业和非原住民企业经济活动的措施，对外商资本实行了"印尼化政策"。新的外资政策要求新进入的外资企业必须与印尼本国资本进行合资，印尼人所占的投资比例在企业开业后的10年内要提到50%以上；同时进一步扩大禁止外商投资的领域，减少给予外资的税收优惠，只为原住民企业提供投资贷款。① 在劳动力方面，印尼政府规定外资企业必须尽量雇用原住民员工并负责其培训，同时规定外资企业每雇用一名外籍员工便需缴纳100美元作为原住民员工的培训费用。② 政府还禁止外资企业在林业、纺织业、石油、天然气及其他矿业部门、商业和服务业行业雇用外籍员工。③

在苏哈托执政中期，印尼国有企业成为经济发展中的主导力量，这一新兴利益集团通过游说政府采取

---

① 汪慕恒：《印度尼西亚外资政策的演变》，《当代亚太》1995年第6期。
② 饭田吉辉、贝红：《印度尼西亚的外资政策和外资情况》，《南洋资料译丛》1977年第3期。
③ 汪慕恒：《印度尼西亚外资政策的演变》，《当代亚太》1995年第6期。

保护主义的政策,为自身发展争取到了来自政府的保护伞。由于石油价格飞涨,印尼政府的出口收入大增,因此获得了充裕的资金,得以大力扶持本土企业的成长,促进工业的自主发展,加强对国内经济的干预和调控。[①] 为了发展本土企业并提高科技水平,苏哈托执政初期那种依靠全面开放来吸引国际资本从而获得急需资金的外资政策必须进行改革。新的外资政策对国外企业提出了更多限制,这实际上为印尼本国企业的发展提供了一定的保护。印尼政府通过要求外资企业雇用更多本土员工并提供培训,提高了印尼本土劳动力的素质,有利于技术的转移和学习。印尼的大企业集团成为限制外资政策的主要受益者,国内几大主要企业集团将其经济活动从林业、贸易进一步扩展到汽车制造、轮胎、电池、水力等行业。

2. 国际经济形势的巨变

20世纪70年代能源价格的急剧上涨增加了印尼的出口收入,降低了其对外国资本的依赖程度,为印尼国内经济的发展带来了新的契机。1973年中东战争期间,由于石油输出国组织中的阿拉伯成员国对以色列及其西方盟友实行能源禁运,引发了全球性的能源危

[①] Andrew Rosser, *The Politics of Economic Liberalization in Indonesia: State, Market and Power*, Routledge, 2013.

机,此后国际能源价格放量飞涨。这对于很多西方石油消费国而言,无疑是经济发展中的严重危机。然而对于油气资源丰富的印尼而言,则意味着更加丰厚的出口收入,同时可以减少对外资的依赖,通过限制性的外资政策保护国内民族企业的发展。

1973年10月第四次中东战争爆发后,国际油价从1973年的3美元/桶迅速飙升至1974年的11.65美元/桶,上涨幅度接近400%,随后国际油价维持在10美元/桶的高位。1979年的第二次石油危机导致国际油价进一步上涨,巅峰时期甚至上涨至36.83美元/桶。[①] 这一时期,印尼经济因国际油价的上涨而出现了"石油繁荣"。印尼石油出口创汇收入由1973年的17亿美元增至1982年的124亿美元。印尼石油出口收入在出口总收入中所占比例也不断提升,由1971年的42%上升至1975年的73%,在随后几年中占比均保持在70%左右(见表2-3)。

表2-3　　　　1971—1982年印尼石油天然气出口收入　单位:百万美元、%

年份	总出口	石油(占比)	天然气(占比)	Non-oil LNG(非石油天然气)
1971	1365	580(42)	0(0)	774
1972	1816	965(53)	0(0)	851

---

① 《世界石油价格历史演变及影响因素归纳》,2015年3月25日,《期货日报》,http://www.qhrb.com.cn/2015/0325/177726.shtml。

续表

年份	总出口	石油（占比）	天然气（占比）	Non-oil LNG（非石油天然气）
1973	3306	1708（52）	0（0）	1598
1974	7307	5133（70）	0（0）	2174
1975	6759	4961（73）	0（0）	1798
1976	8588	6081（71）	0（0）	2507
1977	10793	7194（67）	88（1）	3511
1978	11094	6900（62）	535（5）	3659
1979	15260	8558（56）	1122（7）	5580
1980	21784	13423（62）	2281（11）	6080
1981	22119	15174（69）	2513（11）	4432
1982	18894	12404（66）	2641（14）	3849

资料来源：Robert B. Dickie, Thomas A. Layman, *Foreign Investment and Government Policy in the Third World*, Springer, 1988, p. 75。

油气出口收入的增加为印尼政府带来了大量的财政收入，使政府获得了充足的发展资金。从1972年到1982年，印尼政府收入快速增长，从591.8亿美元增长至12373.8亿美元（见图2-1）。油气税收成为政府财政收入的主要贡献者，1972年印尼政府的油气财政收入占总体财政收入的32.7%，到了1982年，其占比已经高达70.6%（见表2-4）。印尼国有石油公司通过签订生产分红契约的方式与外国石油公司合作，共同开发印尼的石油资源，其所获的高额利润和所缴税收成为政府收入的重要来源。由于油气部门为政府提供了大量可用的发展资金，国际资本的相对重要性下降，印尼的经济发展不再过分依赖外国资本的流入。[①]

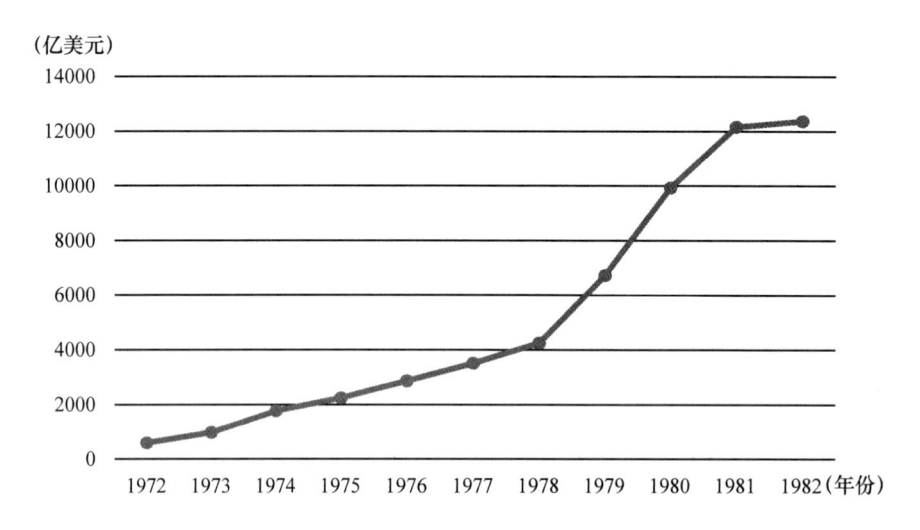

(亿美元)

图 2-1　1972—1982 年印尼政府实际收入

资料来源：根据印尼财政部数据整理。

表 2-4　　　　　1972—1982 年印尼油气税收收入及占比

年份	油气税收收入（亿美元）	占比（%）
1972	140	32.7
1973	231	39.1
1974	382	39.5
1975	957	54.6
1976	1248	55.7
1977	1636	56.3
1978	1949	55.1
1979	2309	54.1
1980	4260	63.6

---

① Jeffrey Alan Winters, *Power in Motion: Capital Mobility and the Indonesian State*, New York: Cornell University Press, 1996.

续表

年份	油气税收收入（亿美元）	占比（%）
1981	7020	68.6
1982	8628	70.6

资料来源：Robert B. Dickie, Thomas A. Layman, *Foreign Investment and Government Policy in the Third World*, Springer, 1988, p.9。

这一时期，由于印尼国有油气公司的利润在政府财政收入中的作用越来越重要，它们对于印尼经济政策的影响力也逐渐增大。国有油气公司希望政府能在资源产业对外国投资进行一定限制，从而增加自身的份额，而它们的呼声也得到了政府的回应。与此同时，随着印尼经济的发展，其国内消费市场也逐渐壮大，因此外国对印尼的投资开始从资源产业转移到了制造业。根据印尼投资协调委员会（BKPM）的历史数据，从1974年到1982年，印尼累计批准外资124亿美元，其中2/3的外资都集中在制造业（如表2-5所示）。[①]

表2-5　　　　1974—1982年印尼所批准的外商投资数据

年份	外商投资（百万美元）	制造业投资（百万美元）
1974	1417	1069
1975	1757	1160

---

① Hal Hill, *Foreign Investment and Industrialization in Indonesia*, New York: Oxford University Press, 1988, p.36.

续表

年份	外商投资（百万美元）	制造业投资（百万美元）
1976	449	348
1977	328	327
1978	397	275
1979	1320	1158
1980	914	773
1981	1092	835
1982	1800	1120

资料来源：印尼投资协调委员会。

在流入印尼的 FDI 中，来自亚洲国家特别是日本的投资开始大幅增长。日本投资增长的主要原因是 1973 年到 1979 年的石油危机增加了日本制造商的能源成本，印尼作为资源丰富的国家受到日本公司的青睐。另外，日本在产业升级后迫切寻找海外投资的机会，从而转移自己的淘汰产业，作为拥有庞大市场和廉价劳动力的国家，印尼自然成为日本投资的重点。日本在第二次世界大战期间曾经占领印尼，掠夺印尼的自然资源，因此日本投资的增长进一步刺激了印尼民众的经济民族主义情绪，并发生了 1974 年日本首相访问印尼期间的群众抗议事件。

从 1976 年开始，由于政府收紧了外资政策，进入印尼的 FDI 开始减少，大批外国投资者把他们的股份转让给了印尼本地公司。1977 年，除了采矿业以外，印尼被认为是亚洲地区对外资吸引力最低的国家。印尼出台的一系列对外资的限制性措施虽然遭到世界银行等国际组织的强烈反对，但由于国际收支状况的极大改善和国内企业和民众要求限制外资的呼声，印尼政府并没有对外国投资者的要求作出回应，依然坚持对国内生产者的保护主义政策。

（三）苏哈托执政后期的重新自由化：1983—1997年

1. 经济发展困境中的被迫开放

进入20世纪80年代中期以来，由于西方大国经济低迷、汇率变动、油价下跌以及贸易条件恶化等不利因素，印尼经济发展重新承受巨大的压力，所以不得不实行更加开放的外资政策，以吸引更多的国际资本。

第一，这一时期美国经济发展疲软，西德、日本、法国等国的经济增速亦有所下滑，国际整体经济形势走向低迷。这些都是印尼产品的重要出口国，其经济不振直接导致了印尼产品的国际需求降低，出口收入减少。

第二，国际汇率的变动也为印尼的经济发展带来了巨大压力。自1985年开始，美元大幅贬值。与此同时，日元和许多欧洲国家的货币则大幅增值。这让以美元来结算出口收入,以日元来结算进口货物和外债的印尼承受着巨大的外汇储备压力,汇率的不利变动让印尼的经济雪上加霜。[①]

第三,国际油价在1982年到1986年的下跌对于印尼经济打击很大,尤其是1986年,油价急剧下跌至13美元/桶左右。国际油价的下跌导致印尼通过油气出口获得的创汇收入大幅减少。印尼的油气收入从1981年的151.74亿美元,占总出口收入的69%,下跌至1986年的43.58亿美元,仅占总出口收入的33%(见表2-6)。出口创汇收入的减少,导致油气税收收入占政府总收入的比重不断下降,从1982年的70.6%下降至1988年的40.3%(见表2-7)。

表2-6　　1979—1987年印尼石油天然气出口收入　单位:百万美元、%

年份	总出口	石油(占比)	天然气(占比)	Non-oil LNG(非石油天然气)
1979	15260	8558(56)	1122(7)	5580
1980	21784	13423(62)	2281(11)	6080
1981	22119	15174(69)	2513(11)	4432
1982	18894	12404(66)	2641(14)	3849
1983	18802	11303(60)	2506(13)	4993

---

① Adrew MacIntypre, "Politics and The Reorientation of Economic Policy in Indonesia", in MacIntyre, Andrew J. and Jayasuriya, Kanishka. Ed. *The Dynamics of Economic Policy Reform in South-East Asia and The South-West Pacific*, Singapore: Oxford University Press, 1992.

续表

年份	总出口	石油（占比）	天然气（占比）	Non-oil LNG（非石油天然气）
1984	21002	11756（56）	3470（17）	5776
1985	18868	9083（48）	3802（20）	5983
1986	13088	4358（33）	2164（17）	6566
1987	15810	5980（38）	2750（17）	7080

资料来源：Robert B. Dickie, Thomas A. Layman, *Foreign Investment and Government Policy in the Third World*, Springer, 1988, p.75。

表2-7　　　1982—1988年印尼油气税收收入占政府收入比重

年份	油气税收收入（十亿印尼盾）	占比（%）
1982	8628	70.6
1983	8170	65.8
1984	9520	66.0
1985	10430	65.6
1986	11144	57.9
1987	6338	43.9
1988	6938	40.3

资料来源：数据源自Robert B. Dickie, Thomas A. Layman, *Foreign Investment and Government Policy in the Third World*, Springer, 1988, p.9。

第四，印尼其他初级产品的出口不景气，贸易条件不断恶化。印尼是世界上主要的橡胶生产国和出口国，其主要出口产品也包括锡和棕榈油。然而国际市场上的橡胶价格从1983年到1985年下跌了近1/3，锡的价格于1986年下跌至两年前的一半，棕榈油的价格自1984年到1986年也下降了近60%。① 出口收入的减少使印尼的经常项目账户出现赤字，不得不借入外债，印尼的外债在20世纪80年代大幅增加。到1985年，印尼的外债总额已经达到300亿美元。1987年，印尼成为亚太地区最大的债务国。②

在石油跌价、汇率变动以及贸易条件恶化等多重不利因素叠加效应下，印尼国内的经济发展速度放缓。国民生产总值增长率从1984年的6.98%放缓至1985年的2.46%，许多生产部门如电子、纺织、汽车等分别减产8%—20%。印尼政府迫切需要引进新的发展资金，以此引导国内经济结构的转型、促进国内制造业等行业的发展。由于国内拥有大量的廉价劳动力，外商投资者尤其是制造业投资者，对印尼经济转型的重要性大大上升。

然而以日本为代表的劳动密集型制造业投资国普遍认为印尼的投资环境缺乏吸引力，希望印尼改革现行外商投资体制，进一步开放国内市场。1985年，日本官员在与印尼投资协调委员会的负责人会面时明确表达了对投资政策自由化的诉求，并坚持将投资政策自由化作为投资印尼的先决条件。1986年，日本的内

---

① 曹景行：《80年代中期印尼的经济调整》，《世界经济研究》1988年第1期。

② Jeffrey Alan Winters, *Power in Motion: Capital Mobility and the Indonesian State*, New York: Cornell University Press, 1996.

阁经济报告将印尼和菲律宾列为不具有吸引力的投资目的地。[1] 世界银行在1985年和1986年的报告中也呼吁印尼政府实行更为开放的投资政策。[2] 在经济下行的压力之下，印尼政府开始回应国际投资者要求进一步开放的诉求。但是由于外资管制的开放将打破国有企业的垄断，所以此次外资政策改革遇到不少来自国内利益集团的阻力，只在某些行业和部门作出了一定程度的调整，而不是对外国投资的全面开放。[3]

2. 有限开放的外资政策

这一时期，印尼政府在外资政策方面最重要的改革举措是1986年的一揽子促进出口和投资的综合政策以及1994年的第20号法令。除此之外，印尼还进行了有利于改善营商环境的投资体制管理改革。

自1986年起，为了吸引更多的外国投资，印尼政府颁布了改善投资环境的19条措施，开始放松对外资的限制，其主要内容包括：将出口企业的外资比例放宽至95%；外商直接投资许可证的有效期从过去的截

---

[1] Jeffrey Alan Winters, *Power in Motion: Capital Mobility and the Indonesian State*, New York: Cornell University Press, 1996.

[2] World Bank, *World Development Report* 1981, New York: Oxford University Press, 1981.

[3] Andrew Rosser, *The Politics of Economic Liberalization in Indonesia: State, Market and Power*, Routledge, 2013.

止到1997年变为30年有效且可续期30年；拥有75%印尼股权的外资企业（如果是上市公司，则股权要求为51%）即可享受印尼国有公司的待遇，可以获得国内分销权并向银行申请贷款；不再对所生产的产品中65%用以出口的企业实行进口限制等。1986年5月，印尼政府将原有的向外资开放的行业从475个增加至926个。[①]

随后几年，印尼政府又陆续出台了一系列针对外资的优惠政策。1987年12月，印尼政府首次允许外资企业投资于面向出口的合资商业企业。1989—1993年，印尼逐步将禁止外商投资的行业从1987年的273个减少到1993年的31个。1992年10月，印尼政府放宽了外商投资金融业的限制，允许外资公司持有印尼国营商业银行或者民间商业银行所发行股份的49%。此外，印尼政府还为外资提供了更多的税收优惠，进一步简化了外籍人员的就业手续和进出口申报手续，以创造更加良好的投资环境。[②]

1994年6月，印尼政府出台的第20号令进一步减少了对外资的限制，放宽了外资的股权规定。法令规定，若采取合资的方式进行投资，外商的投资比率可

[①] 汪慕恒：《印度尼西亚外资政策的演变》，《当代亚太》1995年第6期。

[②] 汪慕恒：《印度尼西亚外资政策的演变》，《当代亚太》1995年第6期。

以提高到95%，同时还取消了20年内外资参股比例需降低至49%的限制。① 法令还废除了外资企业向当地资本转让股权的义务，并向外资开放了9种公共事业部门（即港湾、电力、电信、海运、航空、供水、铁路、原子能发电、新闻报刊），但是外商的投资比例需在95%以下。②

这一时期，印尼政府也对投资管理体制进行了改革。1985年，印尼政府全面改组投资协调委员会（BKPM），宣布简化投资程序、缩短审批时间。新的投资项目可以直接到达总统批准环节，省去了以前"暂时批准"的中间环节。投资协调委员会的审批时间大大缩短，从12周缩减至6周。从1986年到1990年，印尼投资协调委员会批准的外资增加了8倍，其中出口导向的外资增加非常迅速。经过20世纪80年代的调整，印尼的制造业在整个出口产业中的份额从7.4%增加到了38.4%，制造业占GDP的比重也从11.1%增加到了19.1%。③

这一时期亚洲新兴工业化国家，如韩国和新加坡，

---

① Andrew Rosser, *The Politics of Economic Liberalization in Indonesia: State, Market and Power*, Routledge, 2013.

② 吴崇伯：《印尼的新外资政策与外资热》，《外国经济与管理》1995年第9期。

③ Sha. q Dhanani and Syed Asif Hasnain, "The Impact Of Foreign Direct Investment On Indonesia's Manufacturing Sector", *Journal of the Asia Pacific Economy*, Vol. 7, No. 1, 2002, pp. 61–94.

对印度尼西亚的投资大幅增长。1994年,印尼投资协调委员会批准了240亿美元的投资,这一数额是1990年的3倍。1995年,该机构公布的数据达到了400亿美元。1996年,FDI流入的数额有所减少,与此同时,印尼经常项目的赤字开始迅速增加。① 尽管印尼政府希望FDI的流入能带来高质量的增长,实现先进技术的转移,但是大量不加控制的外资流入——特别是短期债务,为印尼经济埋下了隐患,在随后发生的亚洲金融危机中使得印尼经济更加脆弱。

(四)后金融危机时代的深化改革

1997年8月,亚洲金融危机波及印尼,印尼盾开始暴跌。危机很快从金融领域蔓延到了实体经济,外资流入急剧减少。② 印尼在外国投资者的眼中失去了吸引力,大量私人资本开始外逃。严重的经济危机引发了对苏哈托政权合法性的质疑,印尼开启了政治转型进程。苏哈托下台后,哈比比、瓦希德、梅加瓦蒂几位总统相继执政。在印尼政治转型的过渡时期,几位

---

① Rudy Rahmaddi and Masaru Ichihashi, "The Role Of Foreign Direct Investment in Indonesia's Manufacturing Exports", *Bulletin of Indonesian Economic Studies*, Vol. 49, No. 3, 2013, p. 330.

② 李濛、宋科:《东亚金融危机:典型事实与成因逻辑》,《中国流通经济》2013年第3期。

总统的首要任务是稳定经济，同时为了吸引外资也对当时的经济政策作出了一定的调整。

1998年10月31日，印尼政府与国际货币基金组织就应对危机措施达成协议。作为提供经济援助的交换条件，IMF要求印尼进行结构性变革，国际组织与印尼国内的改革派力量一起，共同推动了印尼经济的自由化变革，印尼外资政策走向进一步的开放。印尼政府向外资开放了棕榈油种植业、零售业和批发业，并于1998年10月通过了《银行法》修正案，向外资开放国内银行业。除了为外资提供更为丰厚的税收优惠，印尼政府还简化了外资审批程序，进一步营造良好的招商引资环境。

1. 苏西洛总统时期的外资政策系统化改革

2004年，苏西洛总统在印尼首次全民直选的总统选举中获胜，印尼在经历了亚洲金融危机之后的政治和社会动荡之后，终于获得了相对稳定的发展环境。为了进一步激活经济，为印尼的长期经济发展打下良好的基础，苏西洛总统对外资领域进行了系统化的改革，颁布了一系列吸引外资的法律和条例，极大地改善了印尼的投资环境，为印尼的经济发展注入了更多的外部动力。

2007年4月颁布的新《投资法》是外商投资方面的

一部重要法律，此法案将 1967 年的《外国投资法》和 1968 年的《国内投资法》合二为一，给予了外国投资者国民待遇，规定将会"公正、无差别地对待外来投资"。关于向外资开放的领域，2007 年的《投资法》规定实行负面投资清单管理制度，除政府禁止外商投资的领域外，其余领域均向外资开放。公路设备、无线电广播与电视广播等 25 个行业被列入禁止投资行业，36 个行业有条件地向外资开放，43 个行业鼓励外商进入。①

新《投资法》进一步简化了投资程序，规定由投资协调委员会（BKPM）统一负责协调和执行"一站式综合窗口服务"，减少投资审核所需的程序，从而提高投资审核效率并减少程序性腐败。该法对外国投资者的利益予以更为明确的保障，明确了投资争端解决机制。对于投资争端，新《投资法》规定首先通过协商解决，对于协商无法解决的投资争端，则交由国际仲裁机构裁决或者通过诉讼程序进行解决。②

2008 年 6 月，在苏西洛总统的推动下，印尼国会通过了《中小企业法》，为中小企业提供了不少优惠

---

① 《印度尼西亚对外国投资的市场准入的规定》，2018 年 10 月 22 日，中国—东盟矿业信息服务平台，http://www.camining.org/ziliaoku/show.php?itemid=759。
② 驻印尼使馆经商参处：《印尼〈投资法〉为外国投资者提供新机遇》，2008 年 1 月 28 日，中华人民共和国驻印度尼西亚共和国大使馆经济商务处网站，http://id.mofcom.gov.cn/article/ddgk/200801/20080105357854.shtml。

措施，希望吸引更多的国外中小企业来印尼投资。同年7月，印尼国会又通过了《所得税》修正案，降低了企业的所得税负担，将税率从30%降至25%。①2009年，印尼颁布了新的《矿产和煤炭法》，允许外国公司申请和持有矿业许可权，这也是印尼矿业领域外资政策的重大改革。同年，印尼通过了新的电力法，向私营企业开放电力投资领域。

2009年苏西洛总统获得连任，其任期内稳定的政治社会环境和开放的经济政策为吸引外资创造了有利条件。亚洲国家和地区成为印尼最主要的投资者，其中新加坡连续多年成为对印尼直接投资最多的国家，中国和韩国对印尼的投资也逐年增加，开始成为印尼的重要投资国。由于历史传统，欧盟在印尼仍然有大量投资，但由于2008年国际金融危机的冲击，其对印尼的直接投资额有所下降。

在苏西洛总统的第一个任期，外国直接投资大量涌入第三产业。从2004年至2010年，印尼第三产业接受的FDI最多，达到约130亿美元，占印尼这一时期接受FDI总量的40%。其中，最受外资青睐的是交通通信业，投资额达52.4亿美元，约占第三产业FDI总量的40%。而印尼的第二产业，即工业（包括制造

---

① 吴婷：《苏西洛执政以来印尼外国直接投资流入结构变化及其原因分析》，《东南亚纵横》2011年第11期。

业等），接受的 FDI 占整个外资的 33%。印尼接受的 FDI 中占比最小的是农业（包括农、林、渔业和采掘业等第一产业），约为 27%，而且其中绝大部分是采掘业——占到第一产业总投资额的 93%。[①]

从苏西洛总统的第二个任期开始，中国与印尼之间的经济联系进一步加强，不仅扩大了双边的贸易量，同时中国在印尼的直接投资也开始有了迅速的增长。根据印度尼西亚中央统计局的数据，从 2008 年到 2017 年，向印尼出口商品最多的两个国家是新加坡和中国，其中中国从 2010 年以后就是向印尼出口最多的国家。同一时期，进口印尼产品最多的两个国家是日本和中国，而中国从 2016 年以后成为印尼商品最大的出口目的地。自 2016 年以来，中国对印尼的投资增长迅速，在投资金额上进入了前三，排在新加坡之后。[②]

2. 佐科总统的外资政策新走向

在 2014 年选举中胜出并于 2019 年顺利连任的佐科总统是印尼第一位出身平民的总统，为实现其打造中等海洋强国、改善印尼基础设施的长远目标，佐科总统在任内进行了近年来幅度最大的经济自由化改革，希望以此来吸引

[①] 吴婷:《苏西洛执政以来印尼外国直接投资流入结构变化及其原因分析》,《东南亚纵横》2011 年第 11 期。

[②] 印度尼西亚中央统计局，https://www.bps.go.id/。

更多的国外投资,助力印尼经济发展目标的达成。

2014年上台后,为了兑现其关于经济改革和促进经济发展的竞选承诺,佐科政府制定了明确的经济发展规划和倡议。在新政府宏大的经济刺激计划中,重要的举措之一便是改善印尼的商业环境、提高印尼的投资吸引力、简化投资程序。2016年,印尼政府宣布推动印尼的投资自由化、改善投资环境,放宽了近50个产业的外商投资限制,将农业、医疗卫生设备、餐厅和电影等29个产业从负面投资清单中删除。此次改革的开放力度是十年来最大的,也被称为印尼经济自由化的"爆炸性"改革。[①] 2018年11月,印尼政府宣布了第十六轮经济配套政策,规定对全国经济特区、自由贸易区、工业区和旅游发展区实行许可证清单制度。[②] 投资者只需拥有许可证清单便可进行实际的投资行为。同时,印尼也进一步扩大了免税优惠,不仅将为经济特区的先导产业,还将为经济特区其他较小规模的投资提供免税期。

[①] Joanne Chang:《印尼总统宣布将大幅开放市场吸引外资投资》,《南洋志》2016年2月19日, https://aseanplusjournal.com/2016/02/19/20160219/。

[②] 《印尼近期拟颁布有利于投资落实的总统条例》,2017年9月25日,中华人民共和国驻印度尼西亚共和国大使馆经济商务处网站, http://id.mofcom.gov.cn/article/jjxs/201709/20170902650174.shtml。

三 国内政治转型与投资环境变化

印尼在亚洲金融危机后开启了政治转型过程,在这一过程中,印尼的中央与地方关系发生了巨大的变化。地方政府相对于中央获得了更多在经济政策制定和执行方面的权力,这意味着地方政府在外资审批和政策执行过程中具有更大的独立性,外国投资者必须适应这种更多与地方政府打交道的投资环境。在中央政府权力的下放过程中,不光是地方政府,各种社会组织获得的话语权也日益增加,公民的权利意识空前觉醒,对外资企业的社会责任提出了更高的要求,这一方面推高了投资成本,同时也在劳资关系和环境保护方面对外资企业设定了更严格的标准。

(一)央地分权对印尼外资政策的影响

印度尼西亚为单一制国家,政治权力集中于中央政府。印尼一级行政区分31个省、2个特区和1个首都地区，二级行政区为县和市，共497个。县和市下设乡（或称区），乡以下再设村。在立法及地方自治上，与其他省份相比，亚齐、雅加达、日惹、巴布亚及西巴布亚享有更大的权限，如亚齐有制定独立法规之权限，曾于2003年颁布伊斯兰教法。日惹曾为印度尼西亚独立战争的根据地，日惹苏丹在战争中表现积极，后改制为日惹特别行政区。巴布亚过去称伊里安查亚，于2001年获自治地位，2003年2月分为巴布亚及西巴布亚。雅加达则为首都特别行政区。[1]

印尼在苏哈托威权统治时期是一个高度中央集权的国家，各地区经济发展水平差异较大。很多地方政府对中央政府倾斜爪哇地区的政策存在不满，认为中央政策很少照顾地方利益，地方政府为印尼的经济发展贡献了大量的自然资源，然而经济发展的好处却没有公平地在首都和地方之间进行分配。因此在印尼政治转型启动后，来自地方政府分权自治的呼声非常强烈。地方自治作为印尼政治体制转型的一个重要标志，不仅从权力划分上，而且最重要的是从经济权限上，改变了印尼中央与地方的关系，地方政府在经济

---

[1] Thomas B. Pepinsky and Maria M. Wihardja, "Decentralization and Economic Performance in Indonesia", *Journal of East Asian Studies*, Vol. 11, No. 3, 2011, pp. 337–371.

发展中扮演着越来越重要的角色。由于一些外资项目审批权的下放，地方政治开始对进入印尼的外国投资项目产生深远的影响。印尼的中央与地方关系经历了从集权到分权的过程。同样，印尼外资政策的制定，也经历了从中央集中垄断到中央和地方分享权力的过程。

1. 中央集权时期的外资决策体制（1967—1998年）

在这一阶段，有关外资的决策完全由中央政府负责，地方政府被视为一个受惠的机构，省和市一级的政府必须服从中央政府的决定。颁布于1967年的《对外投资法》被认为是印尼外资政策自由化的开端。这部法律明确保证外国公司不会被国有化，并且给予外国公司国民待遇，同时还向外国公司提供一些金融上的优惠。20世纪80年代印尼的外资政策相对封闭，政府把外国投资限制在有限的产业领域，并要求外国投资者将他们的部分投资转给印尼本土的公司。为了促进技术转让，印尼政府还限制了外资公司中的外籍员工人数，鼓励外国公司雇用本地劳动力，并对其进行技术培训。进入90年代，印尼政府取消了对外资的大部分限制。印尼以非常可观的速度吸引着国外投资，成为世界第十七大吸引外资的目的地，同时在东南亚成为第三大外资目的地。在这一时期，外国投资对印尼的经济增长起到了积极的作用，印尼年均经济增长率达到7%。[①]

在外资大量涌入的情况下，为了更好地管理，根据1993年的第97号总统令，印尼成立了国家投资协调委员会（BKPM）。该机构主要负责提供建议、指导，并管理外资，同时他们还要负责监督投资项目的实施。地方政府则主要负责一些非投资性的许可，比如说厂房的建设许可等。总统拥有外资项目的审批权，而国家投资协调委员会是具体的执行机构，各地方政府都有该委员会的派出机构。各地方投资协调委员会分支机构的负责人必须经过内政部长和中央一级的投资协调委员会的负责人同意，并由省长任命。这些分支机构的负责人虽然从属于省长，但省长不能干涉他们的业务，因为他们直接对上一级的投资协调委员会负责。

1998年的第115号总统令颁布后，批准外资项目的权限被部分下放给了国家投资协调委员会。根据总统令，国家投资协调委员可以批准1亿美元以下的外资项目。权限下放的主要目的是提高外资审批的效率，从而吸引更多的中小型企业到印尼投资。这一时期的

[①] J. Thomas Lindblad, "Foreign Direct Investment In Indonesia: Fifty Years Of Discourse", *Bulletin of Indonesian Economic Studies*, Vol. 51, No. 2, 2015, pp. 217–237.

地方政府在管理外资项目方面，仍然没有太多权力。①

2. 分权化时期的外资审批和管理（1999年至今）

1998年以后，印尼中央政府连续颁布多项法令，规定中央与地方的关系，在实践中不断界定和修正中央与地方的权力边界。1999年，印尼出台了第22号《地方自治法》和第25号《中央地方财政平衡法》，划定了地方自治的权限，为地方自治的进程奠定了基调。中央政府保留的权力包括外交、国防、司法、金融、宗教以及其他特定领域，除此之外地方政府有权对所有地方事务自行决策、执行、监督及评估，其中包括对本地区外资项目的审批。②

在这一阶段，印尼的外资审批和管理经历了两次权力下放的过程。第一波权力下放是从1999年到2003年。在地方自治和央地分权的大背景下，地方政府在外资项目审批和管理中被赋予更大的权力。根据1999年的第117号总统令，外资项目的审批权被下放给省长，省政府可以决定地方的投资政策和程序。地方政府投资协调委员会的负责人不再从属于中央政府的投

---

① Ann Marie Murphy, "Indonesia And Globalization", *Asian Perspective*, Vol. 23, No. 4, 2021, pp. 229–259.

② Paul J. Carnegie, "Democratization and Decentralization in Post-Soeharto Indonesia: Understanding Transition Dynamics", *Pacific Affairs*, Vol. 81, No. 4, Winter, 2008/2009, pp. 515–525.

资协调委员会，而是直接向省长负责。① 除获得外资审批权外，地方政府投资协调委员会获得了一些过去属于中央政府的权力，比如进口许可、外国劳工许可等。

但是在具体执行过程中，由于法律规定上的模糊，各级政府在外资审批管理中的权责并不是很明确，外国投资者往往困惑于中央与地方在对待外资上的不同态度。中央政府为了吸引外资，往往向外国投资者提供一些优惠政策，并尽量降低商业成本；而某些地方政府则试图通过提高税收来从外资项目中获得最大化利益，并出台一些不利于投资环境改善的税费法规。根据印尼内务部的统计，1999—2004 年，大约有 3000 部地方法规因为违背公共利益或上位法需要修订。② 政策的不连贯性增加了投资过程中的风险，客观上推高了外国公司的商业成本，导致一些外资从印尼撤出。例如，亚洲开发银行和世界银行 2005 年的研究都表明印尼政治转型初期的地方分权无助于改善印尼的投资环境。外国公司为了获得商业合同必须要付出总投资的 15.8% 作为额外的费用。由于中央和地方政府权责

---

① Kai Ostwald, Yuhki Tajima and Krislert Samphantharak, "Indonesia's Decentralization Experiment: Motivations, Successes, and Unintended Consequences", *Journal of Southeast Asian Economies*, Vol. 33, No. 2, 2016, pp. 139 – 156.

② 杨晓强：《后苏哈托时期的印尼民主化改革研究》，厦门大学出版社 2015 年版，第 172 页。

的模糊，这一时期很多外资政策都无法有效实施。政策混乱加上金融危机的影响，印尼在这一时期经历了大规模的资本外逃，从1998年到2003年，印尼的FDI是负流入。

第二波分权化始于2004年苏西洛总统任期之初。2004年的地方自治法规定，地方议会可以就地方政府与外国的合作提出建议、意见，并且有权审批国际合作计划。该法还规定了中央与地方的财政分权，在资源收入分成中，地方政府所占的比重有了明显的增加。新的地方自治法将批准外资项目的权力收归中央政府，所有国外投资的申请必须提交给投资协调委员会。

不过地方政府仍然保有外资项目的运行审批权，外资项目在投资协调委员会得到批准后，必须要得到地方政府的运行许可才能落地实行。外资项目所在地的地方政府可以根据项目的环境评估和社会影响来决定是否批准该项目。同时，地方政府也有权规定自己辖区内外资企业的工资、环保、土地使用等企业社会责任标准。根据劳工法，地方政府有责任制定本地区的最低工资标准并提供职业培训。当出现劳资纠纷的时候，地方政府可以通过组织该地区的工资委员会，将资方、工会和政府代表纳入工资谈判的过程中。此外印尼的公司法还允许地方政府监督企业履行社会责任。根据2009年颁布的《环保法》，地方政府有权决定土地的使用，并颁发环境许可。拥有了土地规划的权力，地方政府就可以更好地管理其辖区内的外资企业。① 由于地方政府在项目执行过程中掌握着很大权力，因此外国投资项目即使在中央一级获得了批准，如果在具体落实中不妥善处理和地方政府的关系，也会在项目实施过程中遇到障碍，导致项目运行成本的增加。在接下来的部分，笔者将具体讨论印尼地方分权以来，外国投资者在项目实施过程中遇到的一些突出问题。

（二）地方自治对外资项目实施的影响

印尼的政治转型过程并非一蹴而就，是一个在实践中摸索的过程。中央与地方政府的权力边界在这一过程中也处于不断的调试中，但总的趋势是地方政府获得了相比于苏哈托时期大得多的自治权力。对于外国投资者来说，一方面，地方分权使得地方政府在外资项目的审批中获得了更大的发言权，外资审批更多考虑当地民众的切身福利，这有利于提高外资决策的合理性，让外国投资更多造福于印尼民众，从而减少外资项目在地方实施过程中受到的质疑和排斥。另一

---

① K. Kuswanto, Herman W. Hoen and Ronald L. Holzhacker, "Decentralization, Foreign Direct Investment and Development in Indonesia", in R. L. Holzhacker et al. (eds.), *Decentralization and Governance in Indonesia*, Switzerland: Springer International Publishing, 2016, p.115.

方面，地方权力的增大也使得外国投资者要处理的利益攸关方更加复杂，对投资项目的评估和落实提出了更高的要求，在某些情况下增加了项目实施的成本和风险。在印尼政治经济转型的大趋势中，作为外国投资者，只有更快地适应这种转变，才能更有效地推进在印尼的投资项目。下面笔者将以土地征用问题和央地权责问题的例子来说明地方自治给外资项目实施可能造成的影响。

1. 土地征用问题推高项目执行成本

过去印尼实行的是分层级的治理模式，省为一级行政区，县和市是二级行政区，省长由中央政府任命。2004年颁布的自治法采用非等级的治理模式，省不再是县和市的上级政府，省政府仅代表中央政府监督县和市政府，县和市为主要自治体，自主权力更大。同时，自治法还肯定了村社的自主权，作为自治机构，村社有权独立实施民事法律行为、拥有资产以及自主与外界签订协议。在印尼现有的政治架构中，村级行政区与居民日常生活关系最为密切。在土地征用问题上，村社在外资企业和当地村民之间扮演了中介角色，村社增强了村民的集体谈判能力，维护了村民利益，当然这也给外资项目的实施增加了成本。[1] 很多外资项

---

[1] Sutiyo and Keshav Lall Maharjan, *Decentralization and Rural Development in Indonesia*, Singapore: Springer, 2017.

目在印尼遇到的土地征用问题都与地方自治权力机构有关。

印尼的土地法律制度较为复杂，存在大量模糊的空间。印尼的土地分为两种，一种是已经在当地国土部门（BPN）登记注册的土地；另一种是未在BPN登记的土地。在印度尼西亚，殖民地时期的法律和独立后制定的1960年土地法同时并存，由于法律架构互相叠加，很多土地存在"一地多证"的情况。[①] 即使是在国家相关部门登记注册的土地也存在所有权不明的情况。在某些情况下，一片土地会出现多份不同时期签发但都合法有效的土地证。对征地的施工方来说，这意味着要给这些土地发放成倍的补偿款，不仅极大地推高了工程的成本，而且也增加了项目实施的障碍。同时印尼还存在大量没有在BPN登记的土地，这些土地以世袭土地为主，一般属于某个家族或部落集体所有。共有地的所有权不明确，普遍存在于印度尼西亚大部分省区，在征地过程中容易产生纠纷从而使得投资项目难以推进。印尼1960年的《第5号基本土地法》承认了世袭土地的权利，但同时也规定，世袭土地权利处于国家法律的管辖范围内，不能与"国家利益"相悖。法律上的模糊性导致自20世纪60年代以

[①] Rachel Haverfield, *Hak Ulayat and the State: Land Reform in Indonesia*, Sydney: The Federation Press, 1994.

来，世袭土地所有者、印尼政府和外国投资者在共有地征用问题上产生了一系列矛盾和纠纷。[①] 在印尼民主化改革的大背景下，村社获得了比过去更大的自治权，村民的权利意识和组织能力有了很大的提高，所以这部分土地的征用将面临更大的困难。

与此同时，由于权力下放，中央与地方政府在土地征用上往往互相牵制，行政效率难以提高。在实行地方自治的过程中，印尼地方政府获得了较高的自主权，在发展经济的过程中往往将地方利益置于国家利益之上。从地方主义的视角，中央政府做出的征地规定如果不符合地方利益，地方政府就会以"与地方政府条例相悖"的理由拒绝执行或者尽量拖延。中央政府颁布法令希望提高效率，大力推进基础设施项目的进展，但是地方政府往往有自己的特殊利益，对中央政府的法令执行不力，尤其表现在批复土地收购许可、矿产开采许可等事务上。[②]

法规执行不力直接导致在征地的过程中，投机买卖行为无法得到有效遏制，土地价格高于项目预期的售价，从而降低了很多外资项目的可行性。权力的下放增加了各级政府机构协调行动的难度，一些由中央

[①] Daryono, *The Alternative Dispute Resolution（ADR）and Customary（adat）Land Dispute in Indonesia*, Leiden: KITLV Press, 2004.

[②] 潘玥:《"一带一路"背景下印尼的中国劳工问题》，《东南亚研究》2017年第3期。

政府拍板的项目往往会由于地方政府机构无法为基础设施项目提供配套服务而进展缓慢,这对印尼吸引外资是一个不利因素。[1] 2015 年,佐科总统颁布了第 30 号总统令,希望加快公共利益用地征地的进度,以此促进他上台后大力推动的基础设施建设。然而即使按照这一新的条例,征地流程仍需约 500 天,这与此前的程序耗时并没有太大差别。地方政府在土地征用过程中往往站在土地所有者一方,土地产权的纠纷以及赔偿金额的谈判往往导致项目施工的拖延,这也是外国投资者在落实印尼基础设施建设项目时最常遇到的问题。[2]

2. 中央与地方权责不清增加了投资活动的不确定性

在印度尼西亚,中央、省、地方各级政府都认为自己对投资活动拥有最终决定权,所以来自任何一个环节的障碍都会导致投资项目的搁置。同时,权力在各级政府间的分散,削弱了中央政府过去拥有的从上到下的政策执行力,导致投资者对经济活动难以形成一个稳定的预期,增加了投资活动中的风险。很多在中央层面已经得到批准的项目,到地方层面具体执行

---

[1] 余珍艳:《印度尼西亚基础设施建设现状及"一带一路"倡议推进下中国与印度尼西亚合作的路径》,《东南亚纵横》2017 年第 6 期。

[2] 余珍艳:《印度尼西亚基础设施建设现状及"一带一路"倡议推进下中国与印度尼西亚合作的路径》,《东南亚纵横》2017 年第 6 期。

的时候，往往会受到拖延和阻挠。中央和地方政府在投资活动中的权责划分不明确是造成很多外资项目实施过程中效率受影响的重要原因。

首先，地方领导人从维护自己的政治权力，或者从争夺必要的经济资源出发，往往在一些投资项目上与中央政府持相反的观点。例如，南苏拉威西省政府曾对中央政府提出，要重新谈判印尼与在该省运营的加拿大镍矿山公司鹦哥公司之间的合同，原因是省政府希望将专利使用费提高。在无法达成协议的情况下，该省又试图以违反有关矿山税的地方法规为依据接收这一加拿大公司的资产。因此，在地方自治权变得越来越重要的时候，外资要进入印尼并获得成长机会，不仅要在中央一级处理好与政府官僚的关系，同时要注意建立与印尼地方政府之间的信赖关系。与项目所在地的地方行政首脑、议员以及当地居民的关系往往决定着外资项目的成败。①

其次，中央法令和地方法规有时会出现相互冲突的情况。1999年的第22号和第25号法令以及2004年的第32号法令是印尼实行地方自治最重要的法律依据。但是这些法令只规定了基本原则，并没有对地方自治的细节做出详细的说明。于是有的县、市为了自

---

① 井上治：《走向分裂的印度尼西亚》，《南洋资料译丛》2002年第2期。

身利益，在一些没有明确规定的领域钻空子，出台了一些与中央法规相冲突的法令。针对地方自治中出现的问题，印尼政府一方面开始清理地方颁布的与中央法令相抵触的规定，如2010年7月，时任总统苏西洛就暂停了新的自治区审批，并下令重新审查地方自治区条例。另一方面，中央政府试图对地方自治的法例进行细化和修正，从而降低法律的模糊性。在投资和贸易权限方面，中央政府清晰地划定了地方政府不能逾越的界限：第一，除非财政部批准，否则地方政府无权向国外贷款；第二，地方政府不能干预国际贸易，进出口条例和关税条例只能由中央政府制定；第三，地方政府不能限制各地区间的自由贸易。①

（三）社会组织壮大与企业社会责任标准的提高

在印尼的各种社会组织中，以学生、知识分子、专业人士等为代表的中产阶级是主要的活跃人群。新闻媒体的自由化又进一步推动了印尼社会组织的发展。新闻媒体，尤其是以社交网络为代表的新媒体，为印尼公民广泛参与政治、发表公共意见提供了舞台。民

---

① 许利平：《印尼的地方自治：实践与挑战》，《东南亚研究》2010年第5期。

众对于发展和改革的诉求，通过媒体平台对印尼政策制定者形成了一定的压力。同时，民众权利意识的觉醒和广泛的讨论参与使得劳工待遇、环境保护等议题更容易得到广泛关注，这就对外资企业的社会责任提出了更高的要求。如果处理不好与社会组织的关系，忽视相应的社会责任，外国投资者不仅会承受来自政府的压力，而且会受到社会舆论的指责和批评，从而影响自身投资的安全。

1. 印尼社会组织的发展历程

在苏哈托统治时期，印尼政府用各种手段将社会组织的活动限制在可控范围内。印尼的社会组织必须接受"潘查希拉"（Pan tjasila）（印尼的"建国五基"）为自己的指导思想，对于政府的发展政策，必须给予全力支持，同时接受政府的监督和管理，其管理职位往往由政府官员出任。在这样的控制和管理下，印尼社会组织的力量有限，对国家政治经济生活影响不大。

虽然受到政府的严格控制，但是由于经济的发展和产业结构的调整，印尼的社会组织在苏哈托统治后期获得了一定的成长空间。20 世纪 80 年代中期以来，进入印尼的劳动密集型制造业的外国投资逐渐增加，印尼中产阶级开始壮大，产业工人队伍日渐成熟，社会结构发生了巨大变化，这些中产阶级成为社会组织在城市发展的主体力量。与此同时,印尼经济在20世纪90年代的高速增长也带来了两极分化和地区差异,激化了社会矛盾。传统的社会保障体系和政府管理机构承受了巨大的压力,印尼的社会组织开始抓住这一机会填补公共领域管理和社会治理的真空地带。1993年,印尼工人联合会成立,并组织了一次象征性的全国罢工。

从1998年印尼开启政治转型过程以来,其国内的社会组织发展经历了两个阶段。第一个阶段是从1998年到2003年,这一时期印尼社会组织的数量迅速增加。政治体制转型开始后,各种新的社团纷纷成立,以填补政府在转型过程中出现的治理空白,这一时期的社会组织对扶贫等社会事业格外关注。① 1998—2002年,印尼社会组织的数量经历爆炸式增长。② 据估计,印尼劳工组织增加了390%,记者协会增长566%,法律援助组织增长1200%,妇女组织增长266%,环保组织增加900%。③ 开放党禁以后,印尼很多社会组织开始向政治领域发展,逐渐向政治组织转化,一些社会组织的领导人也纷纷从政。例如,1999年至2001年间担任印尼总统职

---

① 甘燕飞:《东南亚非政府组织:源起、现状与前景——以马来西亚、泰国、菲律宾、印度尼西亚为例》,《东南亚纵横》2012年第3期。

② 杨晓强:《后苏哈托时期的印尼民主化改革研究》,厦门大学出版社2015年版,第209页。

③ Verena Beittinger-Lee, *Civil Society and Political Change in Indonesia: A Contested Arena*, London: Routledge, 2013.

位的瓦希德就曾经是伊斯兰教士联合会的主席。

第二个阶段是2004年至今,这是印尼社会组织发展的制度化时期。作为印尼第一个通过全民直选上台的总统,苏西洛总统非常重视社会组织的发展,并在其领导的政党——民主党与公正繁荣党签订的一份合作协议中肯定了社会组织的作用,提出要在充分建设社会组织的基础上继续政治转型的进程。2013年,印尼颁布了新的社会组织法,该法规范了社会团体的成立条件、组织结构、财政来源、权利义务和活动范围。新的社会组织法还对外国人在印尼成立的组织,以及在印尼活动的外国组织的分支机构进行了规范。根据法律,这些组织的设立要通过印尼政府的审核,定期向政府进行活动通报,并且公开自己的经费来源与去向。该法还明确规定,政府有义务扶持社会团体的发展,包括给予本国社会组织财政资助。[1] 近年来,随着伊斯兰保守势力的发展,一些伊斯兰强硬派的集会活动对印尼政治稳定和国家团结构成了一定的威胁。2017年,为了有效管控激进组织,印尼政府修订了《社会组织法》,允许政府不经法院判决直接解散违规组织。[2] 此举有利于控制伊斯兰极端组织的发展,加之

---

[1] 杨晓强:《后苏哈托时期的印尼民主化改革研究》,厦门大学出版社2015年版,第211页。

[2] 杨晓强、王翕哲:《印度尼西亚:2017年回顾与2018年展望》《东南亚纵横》2018年第1期。

新冠疫情爆发后，印尼政府加强了对集会活动的管控，伊斯兰强硬派的公开活动明显减少。

2. 社会组织的发展与企业社会责任：以劳工问题为例

随着社会组织的发展和公民权利意识的觉醒，印尼民众对环境保护、劳工标准等关系自身利益的议题越来越关切，也具备了向政府和企业施加压力的能力和手段。这对企业的社会责任提出了更高的要求，增加了外资企业在印尼的投资成本。面对越来越组织化的民众，企业对社会责任的实际履行与民众对企业社会责任的过高期望之间容易产生落差，而这种落差在社交媒体的放大下极易引发社会事件，从而对投资项目产生负面影响。很多外资企业近年来在印尼投资过程中遇到的劳工问题即是例证。

政治体制转型以来，为了争取工人的选票，印尼政府通过一系列立法加强了对劳工权利的保护，比如，2000年制定了《工会法》、2003年颁布了《劳工法》，2004年出台了《劳工争议解决法》。① 2011年，印尼有近80个工会组织维护劳工权益，其中全国性的工会联盟有全印尼劳工联盟和印尼工人福利联盟。这些工

---

① 蔡德仿：《印度尼西亚劳动争议处理法律制度探究》，《改革与战略》2013年第4期。

会组织的成立为劳工捍卫自身利益提供了保障，同时对企业的社会责任履行提出了更高的要求。[①]

首先，劳动方面的立法推高了企业的用工成本。2012年以前，由于印尼的《劳动法》严格规定了雇用正式工人需支付的最低工资以及离职手续和补偿标准等，所以很多外资企业为了节省成本，都倾向于外包业务而尽量避免雇用正式的工人。随着工人要求改善待遇的呼声日益高涨，印尼政府于2012年修改了现有的劳动管理条例，对外包制度进行了严格的限制。此外，印尼25个省都发布了文件，要求当地企业从2013年起提高工人最低工资标准。印尼首都雅加达的最低工资标准涨幅最高，达到44%。[②] 由于劳动力成本上升，一些在印尼经营的外资企业开始考虑将劳动密集型企业向人工成本更低的越南和老挝等国转移。

其次，劳工问题极易演变为社会事件，刺激印尼民众的民族主义情绪，影响投资环境。印度尼西亚拥有的劳动力规模相当于德国和韩国的人口总和，特别是在青壮年劳动力的数量方面拥有明显优势。但印度

---

① Benny Hari Juliawan, "Street-level Politics: Labor Protests in Post-authoritarian Indonesia", *Journal of Contemporary Asia*, Vol. 41, No. 3, 2011, pp. 349 – 370.

② 廖萌：《21世纪海上丝绸之路背景下中国企业投资印尼研究》，《亚太经济》2018年第1期。

尼西亚劳动力素质相对较低，在1.27亿名就业者当中，只有17%为高中毕业，有大学文凭的不到10%，超过一半的人从事非正式工作。① 外资企业那些要求较高技术技能的岗位经常出现用工短缺的状况。在印尼劳动力无法满足需要的情况下，这些外资企业只好依赖于外籍劳工。随着印尼选举政治的发展和劳工组织的壮大，劳工群体向政府施加压力的能力显著提升。为保护本国劳工，印尼对外国劳工的使用提出了严格的要求，而印尼各大工会要求削减外籍劳工数量的呼声也日渐高涨。② 劳工问题成为极易引发社会矛盾的焦点问题。

（四）总统选举与对外经济政策

在印尼政治转型过程中，政治领导人的产生方式发生了巨大变化。印尼目前是总统制国家，总统既是国家元首，也是政府首脑，同时是三军总司令。总统、副总统均由全民直选产生，任期5年，总统可连任一次。政治转型后的历任总统——从哈比比到佐科，都

---

① 《技术工人短缺威胁印尼经济繁荣》，《彭博商业周刊》（中文版）2018年11月9日。
② 周方冶：《"一带一路"建设政治环境评估的思路与方法——基于泰国与印度尼西亚的案例分析》，《北京工业大学学报》（社会科学版）2016年第5期。

为印尼的政治稳定和国家统一做出了巨大的贡献。总统选举是印尼政治生活中最重要也最受瞩目的事件，而在竞选过程中候选人的经济政策也是选民特别关注的焦点。为了争取更多的选票，各候选人必须要拿出实实在在的经济发展规划。由于政治取向的差异，候选人往往对来自国外的投资有着不同的立场，这也成了竞选辩论中备受关注的话题。随着印尼的经济发展和国际地位的提升，印尼民众的经济民族主义情绪有所抬头，这种经济民族主义情绪有可能在周期性选举的辩论中被放大，从而影响政府和民众对外国资本的态度。因此，研究总统候选人和当选总统对外国资本的态度和取向对于研判印尼对外经济政策的未来走向有着非常重要的意义。

1. 佐科总统的新发展主义：理想目标与现实考量

作为第一位出身平民的总统，佐科在印尼的草根阶层中具有很强的号召力。他上台后誓言要推进长期以来拖累印尼经济发展的基础设施建设，以此缩小印尼的地区发展差异。随后印尼政府在《2015—2019年中期建设发展规划》中对基础设施建设目标进行了细化。佐科总统也在2016年8月的国情演讲中指出，消除不平等和贫困是政府的目标，而达到这一目标的三个关键词就是：基础设施、去管制、减少官僚政治。① 虽然佐科总统的发展主义执政理念得到大多数印尼民众的认可，但是在具体执行的过程中还是因无法兼顾各方面的利益而受到抨击。

由于佐科政府将大部分经济资源向基础设施建设倾斜，因此不得不将当初竞选时做出的实行改革、促进平等、改善分配的许诺暂缓兑现。为筹集资金，佐科政府通过削减燃油补贴，节省下230亿美元的预算投入到基础设施建设中，但是这一举措直接影响到了城市中产阶级和底层民众的基本生活，引起了民众的不满。与此同时，大量基础设施建设的资金缺口需要引进外资来补充，为此佐科政府积极改善营商环境，出台优惠的政策吸引外国投资，但是这些政策也引起了经济民族主义者的不满，认为政府在引进外资时损害了印尼的独立自主。

综观佐科总统的第一个任期，发展主义的经济纲领被作为施政的首要目标。为了筹集发展目标所需的资金，佐科政府不得不暂缓一些在竞选中承诺的改善教育、提高社会福利等方面的项目。同时，为加快基础设施建设，佐科政府加强了对外引资的力度，客观上增加了印尼的债务，并带来环境保护、土地征用等

---

① Eve Warburton, "Indonesian Politics in 2016: Jokowi and the New Developmentalism", *Bulletin of Indonesian Economic Studies*, Vol. 52, No. 3, 2016, pp. 297-320.

一系列项目实施中出现的问题。为了确保自己的执政联盟在国会和内阁中获得支持，佐科政府不得不暂缓兑现自己的一部分竞选承诺，在改革传统精英政治和打击腐败方面做出一定的让步。

在2019年的总统选举中，佐科第一任期的一些措施遭到经济民族主义者的批评。此次总统选举竞争主要在时任总统佐科和前陆军将领普拉博沃之间展开。经济议题是2019年大选中备受关注的议题。为了争取经济民族主义者的选票，普拉博沃在竞选过程中指出佐科政府的基础设施建设项目加重了印尼的债务负担。虽然最终佐科以55.5%的支持率赢得了总统选举，但在第二个任期的执政过程中，佐科政府经济政策的制定必会考虑经济民族主义者的主张，并适当加以平衡，这是由选举政治的选票至上的特点决定的。

2. 佐科新任期的经济政策与举措

2019年10月20日，胜选连任的总统佐科·维多多宣誓就职，开启了他在印尼执政的第二任期。佐科总统在就职演说中提出了五大施政目标，包括以人力资源开发为首要任务、继续发展基础设施建设、简化法令以促进投资、大规模简化官僚主义以及促进经济转型，并表示要带领印尼在2045年成为世界第五大经济体。

面对经济下行压力加大、对外贸易赤字增加以及国内保守力量上升等挑战,佐科总统调整了内阁的任命,起用前 Gojek 公司总裁纳迪姆·马卡林担任文教部长来帮助提升劳动力素质①,并任命托希尔和迪多分别担任国营企业部长和内政部长以整顿国有企业和匡正中央与地方关系。在机构设置上,印尼政府表示将由外交部承担起扩大出口的职责,并将工业部和贸易部合并来集中负责国内贸易,同时新设了投资部以加大外资引入,此外还计划成立新的部门来监管数字和创意经济,以帮助印尼成为东南亚最大的数字经济体。②

经济外交仍然是佐科政府对外交往的重点方向。在完善对外贸易机制方面,印尼近年来取得了一系列的成绩。在已完成了与澳大利亚、智利、欧盟等的七项贸易协定的基础上,印尼不断推进与伊朗等国的特惠贸易协定以及与日本等国的全面经济伙伴关系协定的签署。③ 由于基础设施建设需要大量的资金投入,佐科政府同时致力于机构改革和简化法令及官僚机构来更大程度地吸引外资。此外,在已就文案达成一致并

---

① 许利平:《前进内阁能否带领印尼前进》,《世界知识》2019 年第 23 期。

② 《印尼佐科总统将改革内阁以提振经济》,2019 年 8 月 31 日,中华人民共和国驻印度尼西亚共和国大使馆经济商务处网站,http://id.mofcom.gov.cn/article/jjxs/201908/20190802895298.shtml. 2019/08/31。

③ 王玥:《佐科政府的经济外交探析》,《国际研究参考》2020 年第 1 期。

完成法律审查后，印尼于 2020 年 11 月签署加入了区域全面经济伙伴关系协定（RCEP），与其他成员国一道促进经济共同发展。

自 2020 年年初新冠疫情暴发以来，几乎所有国家的经济都受到了不同程度的冲击，印尼中央统计局调查显示第二季度 GDP 缩减 5.32%，这是近二十年来该国 GDP 最大降幅。为应对疫情带来的不利影响，印尼政府推出了包括企业所得税减免在内的一系列税收优惠措施，同时划拨了近 700 万亿印尼盾用于支持经济复苏。印尼央行也不断下调基准利率以刺激经济，并表示未来将继续维持宽松的货币政策。另外，印尼政府于 2020 年 10 月 5 日通过了《创造就业法案》，其中涉及了 79 项劳工法的修改，以此优化投资环境、加快经济改革。印尼劳工法曾规定了高额遣散费、复杂的最低工资制度以及对雇用和解雇劳工的诸多限制，这些法令使得外国投资者望而却步。在经济低迷的背景下，印尼政府希望能通过修改劳工法创造良好的营商环境以更多地吸引外资。但是该法案的通过却引发了一些民间团体如劳工组织的强烈抗议，反对者认为该法案严重损害了劳工权益且将导致环境破坏。[①]

[①] 《印尼总统佐科经济改革步伐阻碍重重》，2020 年 10 月 13 日，中华人民共和国商务部网站，http://www.mofcom.gov.cn/article/i/jyjl/j/202010/20201003007530.shtml。

佐科政府在新一届任期内致力于经济转型、扩大开放，但受新冠疫情、全球贸易保护主义、国内反对力量等诸多因素的影响，若想完成其所有经济目标并在 2045 年发展成为一个高收入发达国家，印尼仍然需要更大的改革决心和更强的政策执行能力。

四　中印尼经济合作："一带一路"倡议与"海洋强国"的战略契机

印尼与中国的双边政治关系是稳定双方经济合作的重要保障。近年来中国在印尼的很多投资都得益于双方良好政治关系的推动。中印尼双方在对外战略中有着高度契合的方向，习近平主席正是在访问印尼的过程中首先提出建设"海上丝绸之路"的构想，而印尼要实现海洋强国战略也需要加强与中国的合作。

印尼和中国政府几乎在同一时间点上分别提出了未来在海洋战略上的规划，双方在各自的海洋发展战略中都是对方非常倚重的参与方和合作方，战略基点的契合为两国未来的合作提供了良好的基础。2013年10月，中国国家主席习近平在印尼国会发表了重要演讲，首次明确提出中国愿意与东盟国家一起加强海上合作，中国希望与东盟国家携手共建"21世纪海上丝绸之路"。2015年3月，中国政府提出了"21世纪海上丝绸之路"的建设重点，中国将从沿海港口出发，经由中国南海到印度洋，最终延伸至欧洲，而印度尼西亚则是海上丝绸之路的重要枢纽。

2014年10月，印尼总统佐科提出要将印尼建成海洋强国，实现中等国家的崛起。同年11月，佐科总统明确了海洋强国战略的具体内涵，这主要包括五个方面：重建海洋文化、维护海洋资源、推动海洋经济基础设施建设、推进海洋外交以及充实海上防卫力量。[①] 印尼在推进海洋强国建设过程中的最大瓶颈就是基础设施落后和资金的缺乏。而中国"21世纪海上丝绸之路"倡议的重点是推进港口合作建设，确保海上交通畅通，助力双方经济合作的开展。因此，在基础设施建设、互联互通方面，中国和印尼的海洋战略高度契合，为两国的经济合作创造了难得的机遇。近年来，中国与印度尼西亚签署了一系列经济合作协议，这些协议为两国在经贸领域的进一步合作奠定了良好的制度基础。

（一）印尼与中国经贸合作的基础

1. 印尼与中国的经贸关系

印尼与中国于1950年4月正式建立外交关系，两

[①] 熊灵、陈美金：《中国与印尼共建21世纪海上丝绸之路：成效、挑战与对策》，《边界与海洋研究》2017年第2期。

国的经贸关系在20世纪80年代以前一直处于曲折的发展历程之中。自1984年两国恢复直接贸易特别是1990年恢复外交关系后，印尼和中国的经贸关系得以全面恢复和发展。

（1）曲折发展时期

1953年阿里内阁上台后，印尼开始加快发展与中国的经贸关系，并于同年11月15日首次派出印尼经济代表团访问中国，11月30日双方正式签订了《印度尼西亚与中国贸易协定》。随后，两国经贸关系得到快速发展。1954年到1959年，中国从印尼的进口由461万美元增加到1997万美元，五年中增长了12倍。① 随后，在两国高层领导人互访不断的背景下，印尼与中国的经贸关系迎来了一个高潮，1965年中国成为印尼第二大贸易伙伴，在印尼的对外贸易总额中占比达到11%。② 但总体而言，这一时期印尼与中国的贸易量非常小，贸易结构也较为简单，印尼主要从中国进口大米和纺织品原料，中国主要从印尼进口橡胶。

受政治因素影响，两国之间的直接贸易从1967年至1985年中断了近20年之久。由于直接贸易关系的中断，两国之间的经济往来只是通过第三方如中国香

---

① 聂德宁：《全球化下中国与东南亚经贸关系的历史、现状及其趋势》，厦门大学出版社2006年版，第185页。
② 郑一省、陈思慧：《印度尼西亚与中国政经关系互动60年》，《东南亚纵横》2010年第7期。

港和新加坡进行。20世纪70年代,印尼从中国香港的进口中大约有30%的商品原产于中国内地,而印尼对中国香港的出口中有近14%的商品转口到中国内地。①

（2）恢复和快速发展时期

1985年7月5日,印尼工商会和中国贸易促进会签订了谅解备忘录。同年7月23日,苏哈托总统发布1985年第9号总统令,正式批准恢复两国间的直接贸易,两国经贸关系开始逐步恢复。1985年印尼与中国的直接贸易额为3.33亿美元,1986年这一数额增加至4.76亿美元,1989年更是达到10.95亿美元。② 1990年,印尼与中国正式恢复外交关系,双方经贸关系得以完全恢复并快速发展,1991—2000年两国之间的贸易年均增长率达到14.7%。③ 这一时期,印尼出口到中国的主要商品是木材、三合板、棕榈油等,中国出口到印尼的主要商品为机械、化工原料、纺织品、五金等。④

---

① 王勤:《中国与东盟经济关系新格局》,厦门大学出版社2004年版,第150页。
② 聂德宁:《全球化下中国与东南亚经贸关系的历史、现状及其趋势》,厦门大学出版社2006年版,第186页。
③ 聂德宁:《全球化下中国与东南亚经贸关系的历史、现状及其趋势》,厦门大学出版社2006年版,第186页。
④ 王勤:《中国与东盟经济关系新格局》,厦门大学出版社2004年版,第152页。

进入 21 世纪，印尼与中国的双边关系进入最佳时期，两国的经贸往来也由此进入快速发展时期，一系列双边和多边协议的签署为经贸关系的发展奠定了良好的制度基础。2000 年 5 月，为加强两国在 21 世纪的合作关系，印尼与中国签署了《两国关于未来双边合作方向的联合声明》，成为 21 世纪发展两国关系的纲领性文件。2001 年 11 月 7—11 日，中国总理朱镕基访问印尼期间，双方签署了一系列合作协议，其中《农业合作谅解备忘录》为深化两国农业合作奠定了良好的基础；《中国—印尼避免双重征税协议》有利于两国贸易与投资的更好发展；而《两国央行合作备忘录》则解决了中国银行在印尼复行的问题。2005 年，印尼与中国的双边关系发展到新的高度，建立了战略伙伴关系。2009 年，中国与印尼等国签署《中国—东盟自由贸易区投资协议》，并于 2010 年正式全面启动中国—东盟自由贸易区。2012 年，印尼作为东盟十国的一员发起了《区域全面经济伙伴关系协定》（RCEP），中国等其他亚太 6 国的经济部长会议原则上同意组建 RCEP。2018 年 5 月，中国与印尼签署《关于推进"区域综合经济走廊"建设合作的谅解备忘录》，10 月双方签署《建立"区域综合经济走廊"合作联委会谅解备忘录》以及"一带一路"和"全球海洋支点"谅解备忘录。2019 年 4 月在第二届"一带一路"国际合作高峰论坛期间，中印尼双方又签署了走廊合作规划文件。2020年11月，东盟十国和中国等共15个亚太国家正式签署RCEP。2021年1月，中印尼双方签署《关于中国和印尼"两国双园"项目合作备忘录》。2022年1月1日，RCEP正式生效。这一系列制度化建设极大地促进了印尼和中国在经贸领域的合作与发展。

印尼与中国的双边贸易在良好的制度环境中加速发展。2000年以来，印尼与中国的双边贸易一直以每年15%—20%的速度增长。[①] 2000年，印尼和中国的双边贸易额只有74.64亿美元。2004年，两国双边贸易总额突破100亿美元；2007年，双边贸易总额突破200亿美元，中国取代美国成为印尼第三大贸易伙伴。[②] 2010年，印尼和中国双边贸易额突破400亿美元，远远超过了两国领导人提出的300亿美元目标，同比增长50.6%，同时中国上升为印尼的第一大进口国。这主要是由于中国—东盟自由贸易区如期建成，印尼与中国90%以上的商品实现了零关税，全面改善了两国的双边贸易投资便利化程度。2013年，中国成为印尼的第一大贸易伙伴。印尼主要从中国进

[①] 郑一省、陈思慧：《印度尼西亚与中国政经关系互动60年》，《东南亚纵横》2010年第7期。

[②] 温北炎：《印度尼西亚：2007年回顾与2008年展望》，《东南亚纵横》2008年第2期。

口家用电器、电子设备、机械设备、家居用品、纺织品和摩托车，而中国主要从印尼进口原油、天然气、棕榈油、纸张、纸浆和木材等。① 2018 年，中国与印度尼西亚的双边贸易额为 724.8 亿美元，增长了 23.7%，贸易额及增速均创下近十年新高。② 虽然 2020 年初爆发的新冠疫情对两国的经济都有一定的负面影响，但 2021 年中国和印尼的双边贸易额还是创造了近 20 年来的新高，印度尼西亚对华出口额为 636 亿美元（同比增长 70.02%），从中国进口额为 607 亿美元（同比增长 47.87%）。③ 截至 2022 年，中国已连续多年成为印尼最大的贸易伙伴及进口来源国，同时还是印尼第二大投资来源国。

在投资合作方面，印尼与中国的相互投资也在不断增加。印尼是东盟来华投资的重要国别之一。2001 年，中国新批印尼来华投资项目 82 个，合同外资金额 1.57812 亿美元，实际投入外资金额 1.5964 亿美元。截止到 2012 年年底，印尼在华投资项目 1737 个，实际投资金额 21.7 亿美元，涉及造纸、房地产、食品加

---

① 吴崇伯：《当代印度尼西亚经济研究》，厦门大学出版社 2011 年版，第 318 页。
② 商务部综合司：《国别贸易报告：2018 年印尼货物贸易及中印尼双边贸易概况》，2019 年 3 月 6 日，https://countryreport.mofcom.gov.cn/record/qikan110209.asp?id=10975。
③ 杨晓强：《印度尼西亚：2021 年回顾和 2022 年展望》，《东南亚纵横》2022 年第 1 期。

工等领域。印尼金光集团（APP）和三林集团为其中较为知名的企业。① 截止到2013年年底，中国共批准印尼来华投资项目增加到1768个，实际投入22.93亿美元。印尼对华投资相比中国对印尼投资较早，在2000年时就已有1.47亿美元，但总体而言，印尼近年来华投资相对不太稳定，且在中国吸引外商投资金额中占比很小。中国对印尼的直接投资不断增加。2003年中国对印尼直接投资净额仅2680万美元，到2013年这一数值增加至15.63亿美元，大约为2003年的58倍。在存量方面，截至2003年中国对印尼投资净额累计为0.54亿美元，2013年为46.56亿美元，是2003年的86倍。而到了2021年，中国对印尼直接净投资额达43.72亿美元，在存量方面则达到了200.80亿美元，是2013年的近4倍。印尼在中国2021年年末对外直接投资存量前20位的国家（地区）中排名第8位，比起2013年上升了5位，在中国对东盟直接投资存量中排名第2。② 在产业分布上，中国对印尼直接投资主要分布在采矿业、制造业、金融业以及电力、热力、燃

---

① 商务部亚洲司：《中印（度尼西亚）经贸合作简况》，2013年2月16日，中华人民共和国商务部网站，http://yzs.mofcom.gov.cn/article/t/201302/20130200027455.shtml。

② 《2021年中国对外直接投资统计公报》，2022年9月9日，中华人民共和国商务部网站，http://images.mofcom.gov.cn/fec/202211/20221118091910924.pdf。

气及水的生产和供应等。①

2. 华人社团对双边经贸合作的影响

中国和印尼的官方友好关系极大地推动了双方近年来在经贸领域的合作与交流，而印尼的华人社团则在民间渠道搭建起有利于双方企业合作的平台，在官方交往以外开拓出两国经贸合作的新领域。

印尼的华人华侨确切总数难以统计，但综合不同计算方式，人数应该为 800 万—2000 万，占印尼总人口的比例为 3%—8%。印尼华人的祖籍地主要是福建和广东。大多数的印度尼西亚华人主要使用三大汉语方言：闽南语（福建话）、客家话、粤语。根据 2010 年人口普查，22.3% 的印尼华人居住在爪哇岛首府雅加达，爪哇岛居住了约一半（51.8%）的华人。印尼的各个省份中，西加里曼丹约有 8.15% 的人口是华人，其次是邦加—勿里洞（8.14%），廖内群岛（7.66%），雅加达（6.58%），北苏门答腊（5.75%），廖内省（1.84%），在其余各省，印尼华人占比少于 1%。北苏门答腊的华人集中居住在省会棉兰，与巴塔克人和爪哇人构成该城的主要民族，但华人在整个北苏门答腊省所占的比例不高。

---

① 《2021 年中国对外直接投资统计公报》，2022 年 9 月 9 日，中华人民共和国商务部网站，http://images.mofcom.gov.cn/fec/202211/20221118091910924.pdf。

虽然人数少，但是印尼华人在印尼经济中扮演着重要的角色。印尼知名华商林文光曾统计，印尼华人中约有140位拥有大型财团或集团，近5000名华人是中型规模及以上的企业的老板。同时，印尼还有近30万的商贸小业主。① 印尼的华人人数总额占印尼人口总数的4%，但是华商资本额却占到印尼2009年名义GDP的28%，为印尼社会创造了巨大的经济价值。近年来，印尼华人的经营范围从传统的种植业和商业逐渐拓展到工业、金融业等领域，华人在印尼经济中的参与度更高了，也出现了一批实力雄厚的华人财团，如金光集团和三林集团等。②

进入政治转型期以来，印尼历届总统都非常重视提高华人在印尼的社会地位。1998年，哈比比总统曾强调要将印尼建成一个无种族歧视的多元国家。印尼政府1999年颁布了《政党法》，这部法律取消了对华人的歧视性条款。③ 随后的瓦希德、梅加瓦蒂和苏西洛三位总统都继续推行族群和解的政策，在后金融危机时代严峻的经济形势下，印尼政府非常重视华人对印

---

① 廖永红：《浅谈华侨华人对东南亚经济发展的影响——以印度尼西亚为例》，《新西部》2011年第21期。

② 许爽：《试论林绍良企业集团的发展特点》，《东南亚纵横》2005年第11期。

③ Amy Freedman, "Political Institutions and Ethnic Chinese Identity in Indonesia", *Asian Ethnicity*, Vol. 4, No. 3, 2003, pp. 439–452.

尼经济社会发展所做出的重要贡献。2000年，瓦希德总统撤销了两项歧视华人的规定。梅加瓦蒂总统则邀请华裔经济学家郭建义加入内阁，出任国家发展策划局兼国务部长，这被视为向华人资本释放善意，意在吸引更多的华人资本重返印尼。2002年，梅加瓦蒂总统公开承认华人对印尼社会的重要贡献，认为其应当与各民族一样享有公正、平等的待遇。苏西洛总统也多次在公开场合向政府和社会各界重申不能歧视华人。2006年，苏西洛政府颁布新国籍法，废除了对"原住民"与"非原住民"的区别，在法律层面上终结了政府的歧视行为。从印尼政府的官方表态来看，华人在印尼社会的政治经济地位有一定提升。[1] 这为印尼的华人华侨更好地在两国经贸合作中扮演牵线搭桥的角色提供了良好的社会环境。

随着政治转型过程的开启，1998年印尼政府解除了对社会组织的禁令，印尼的华人社团也成长壮大起来。目前印尼的华人社团有400多个，其中有很多社团在促进中国和印尼两国的商务交流、商品流通以及招商引资方面起到了积极的作用。以下是比较有代表性的三个专注于加强两国经济联系的华人社团。

首先是印尼工商会馆中国委员会（KIKT）。此委

---

[1] Edward Aspinall, "Democratization and Ethnic Politics in Indonesia: Nine Theses", *Journal of East Asian Studies*, Vol. 11, No. 2, 2011, pp. 289–319.

员会以华人企业家为主要成员,其宗旨是协助来印尼投资的中国企业寻找本地合作企业,同时也为去中国投资的印尼企业提供信息和帮助,在推进中国和印尼企业合作的过程中充分保障中国企业的权益。

其次是印尼—中国中小企业商会(ICSME),该组织于2006年在雅加达成立。作为非营利性经济组织,商会的主要宗旨是希望促进印尼和国外,尤其是中国中小企业的合作。由于KIKT已经主持了印尼大部分对华经贸活动,印尼—中国中小企业商会主要起到有益的补充,其重点是协助中小企业的健全发展和与大企业间的紧密合作。商会的分支机构已经遍及万隆、棉兰、梭罗、东加里曼丹等地。

最后是印尼中华总商会(ICCC),这是一个成立于2001年的独立民间商业机构。机构的宗旨是为了使印尼更好地融入亚洲和世界经济的发展进程。为此该机构积极吸引全球的投资者到印尼投资,并采取相关措施力争通过引进先进技术来提高印尼的经济发展水平。特别是当前很多中国企业都将"走出去"作为自己的长远发展战略,因此总商会也十分重视促进中国和印尼企业的交流与沟通,通过增进彼此的信任来推动两国商界往来,共创双赢。[①]

[①] 江振鹏、丁丽兴:《印度尼西亚民主化改革以来华人经济的新发展及其启示》,《当代中国史研究》2016年第6期。

（二）印尼与中国经贸合作的落实和建设

印尼和中国两国政府通过积极促成互利合作项目的方式开展"21世纪海上丝绸之路"倡议与"全球海洋支点"战略的对接工作。在一些重要领域如基础设施建设、能源、新兴产业等，两国政府通过顶层设计为双方的合作奠定了良好的社会环境和政策基础，而两国民间组织和企业则通过具体项目的推进，将顶层设计落到实处，取得了一系列成果。

1. 基础设施建设合作蓬勃发展

随着"一带一路"倡议在印尼的不断推进，中印尼两国在基础设施建设方面的合作取得了很大的进展。印尼与中国共同建设了印尼最长的跨海大桥——泗水—马都拉大桥，连通爪哇岛与其东北部的马都拉岛，使两地人员来往便利、物流畅通。两国企业于2015年合作建成印尼的第二大水坝——加蒂格迪大坝，该水坝能达到9万公顷的农田灌溉蓄水量。[①]

印尼与中国在基础设施建设方面最典型和最具有

[①] 吴崇伯、张媛：《"一带一路"对接"全球海洋支点"——新时代中国与印度尼西亚合作进展及前景透视》，《厦门大学学报》（哲学社会科学版）2019年第5期。

示范效应的项目当数雅加达至万隆的高速铁路项目（以下简称雅万高铁项目）。2015 年 3—4 月，中国国家发展和改革委员会与印尼国企部分别签署了关于雅万高铁项目合作建设的谅解备忘录和框架安排；2015 年 10 月，中国铁路总公司与印尼相关企业签署协议，标志着雅万高铁项目正式由中国企业承接。① 雅万高铁项目是中国高铁全系统、全要素、全生产链走出国门的第一个项目，也是"一带一路"倡议的标志性工程。项目全长 142.3 千米，最高设计时速 350 千米。雅万高铁建成通车后，从雅加达至万隆的时间将由现在的 3 个多小时缩短至 40 分钟左右，这将有助于改善当地交通状况、带动沿线产业开发、提升区域经济社会发展水平。

根据中国国家发展和改革委员会发布的数据，截至目前，雅万高铁项目工程建设正在稳步推进，主要路基、桥梁、隧道和车站等工程建设平稳有序，5 号和 3 号隧道顺利贯通，DK23 多跨连续梁合龙，1 号隧道盾构、铺轨基地建设等控制性工程取得阶段性成果。②

---

① 左志刚等：《印度尼西亚经济发展报告（2017）：增长与机会》，社会科学文献出版社 2017 年版，第 115 页。
② 《印尼雅万高铁项目疫情防控与项目建设齐头并进》，2020 年 7 月 31 日，中国国家发展和改革委员会网站，https://www.ndrc.gov.cn/fzggw/jgsj/gjs/sjdt/202007/t20200731_1235134.html? code = &state = 123。

2. 传统产业合作稳扎稳打

印尼与中国两国企业在一些传统产业例如钢铁、水泥、能源等领域的合作稳步推进，这既有利于中国企业实现海外市场拓展，也符合印尼经济发展需求。双方的合作项目带动了当地就业，增加了地方税收，实现了互利共赢。

随着汽车业、建筑业和制造业的发展，印尼对钢铁的需求剧增，但其国内供应不足。在此背景下，中国企业积极推进与印尼企业在钢铁产业上的合作。2014年，中国鞍钢集团与其印尼的产能合作伙伴Krakatau国营钢铁公司在苏门答腊岛占碑省合作共建工业园，投资额达12亿美元，占地超过500公顷，其中包括冶炼厂等项目。印尼能源和矿产资源部官员表示，中印尼钢铁产能合作能够帮助印尼发展自主的、符合本国实际的钢铁产业。[1] 2015年5月29日，随着年产300万吨不锈钢轧钢项目——印尼瑞浦不锈钢有限公司工程设计合同正式生效，中冶东方工程技术有限公司与青山钢铁的合作正式开始。[2] 2021年2月，

---

[1] 田原：《中国构想与印尼规划高度契合 产能合作不断延伸》，2019年12月23日，环球网，https://finance.huanqiu.com/article/9CaKrnJSzRC。

[2] 《印尼与中国签订51.5亿美元合同》，印尼《国际日报》2018年9月29日。

中冶南方、中国十九冶建设的印尼德信钢铁 2 号高炉建成投产。中国五矿中冶集团承包的印尼德信年产 350 万吨钢铁项目主要技术、经济、环保指标均达到世界同级别高炉的先进水平。该项目投产后，将为印尼乃至东南亚的基础设施建设提供大量优质钢筋。①

3. 新兴产业合作不断升温

印尼有着庞大的年轻人口和潜力巨大的互联网市场。而中国在这些新兴产业方面具有独特的优势。双方近年来在互联网和跨境电商方面的合作取得了很大的进展，为两国在高新产业的合作以及双方的民心相通、社会互联打下了良好的基础。

以手机和互联网为代表的中国新兴产业在印尼市场获得了宝贵的发展机会。小米公司于 2014 年 8 月进入印尼市场。2017 年 2 月初，小米公司在印尼巴淡岛（Ba-tam）设立工厂，正式开始本土化手机生产，年产量达 100 万台。此外，小米公司还与印尼三家企业合作推出"印尼制造"计划。② OPPO、华为以及 2015 年

---

① 《印尼德信钢铁项目》，2022 年 12 月 1 日，中国一带一路网，https://www.yidaiyilu.gov.cn/zgwkk/xmfc/276419.htm。

② 吴崇伯、张媛：《"一带一路"对接"全球海洋支点"——新时代中国与印度尼西亚合作进展及前景透视》，《厦门大学学报》（哲学社会科学版）2019 年第 5 期。

新加入的联想、海尔等中国手机生产商也均在印尼建设手机组装厂。数据显示，2020年第一季度，在印尼智能手机市场的份额排名中，来自中国的品牌vivo已经跃升至第一位，成为印尼智能手机市场的领头羊品牌，市场份额高达27.4%，一举超越OPPO、三星、小米等其他强劲对手。

近年来，随着"网购时代"的到来，跨境电商成为推动区域贸易发展的新动力。阿里巴巴、百度和腾讯等中国互联网企业把东南亚作为支点进行海外市场拓展。在印尼市场上，阿里巴巴、京东等互联网巨头与印尼本土科创企业开展了形式多样的合作。印尼政府不断深化与中国之间的电子商务合作，借着中国互联网企业的成熟营销模式，背靠中国广阔的国内市场，印尼对中国的商品出口得以大幅度增加。印尼食品通过阿里巴巴网在中国进行推广，产品主要有燕窝、猫屎咖啡、"KUSUKA牌饼干"等。[①] 通过阿里巴巴的销售网络，印尼产品不仅登陆了中国市场，而且延伸至全球消费市场。印尼的环球媒体公司则与中国最大的互联网综合服务提供商、中国服务用户最多的互联网企业腾讯公司合作，共同在印尼合作发展微信业务，

---

① 《印尼拟深化与中国电子商务合作》，2016年3月29日，中华人民共和国驻印度尼西亚共和国大使馆经济商务处网站，http://id.mofcom.gov.cn/article/gccb/201603/20160301285604.shtml。

为印尼民众提供优质互联网服务。中国风投企业与东南亚著名打车平台——Grabtaxi 等的合作，也为中印尼企业开辟了新的合作模式。①

4. 资金融通提供保障

为了开展中印尼基础设施建设和产业合作，中国政府和企业提供了多样化和极具竞争力的融资渠道。中国—东盟基础设施专项贷款、丝路基金、亚洲基础设施投资银行等都是双方"一带一路"合作资金融通渠道的选择。

中国工商银行（印尼）有限公司紧抓"一带一路"倡议和印尼"海洋强国"战略的发展机遇，开发了丰富的业务品种，部门类别齐全，在印尼主要城市雅加达、泗水和万隆等设立了 22 家分行和网点，成为印尼市场规模最大的中资金融机构。该行始终坚持依靠印尼本土员工壮大业务规模，始终坚持支持和服务印尼经济和社会的繁荣发展，已成为当地不可或缺、资金实力雄厚的金融机构。中国工商银行（印尼）有限公司 2016 年年末总资产达 48.6 万亿印尼盾，贷款余额 33.5 万亿印尼盾，上缴印尼政府的公司税一年就

---

① 吴崇伯、张媛:《"一带一路"对接"全球海洋支点"——新时代中国与印度尼西亚合作进展及前景透视》，《厦门大学学报》（哲学社会科学版）2019 年第 5 期。

达到1980亿印尼盾。①

中国国家开发银行积极推进中印尼基础设施建设和产业发展合作。2006年起，国开行积极参与推进中国—印尼产能合作以及工业园区开发。在助力印尼基础设施建设方面，除了印尼雅万高铁项目以外，国开行还发放了21亿美元贷款支持了11个电站项目建设，极大地弥补了印尼的电力短缺。在促进产业发展方面，国开行支持了青山工业园区建设。在推动产业合作方面，国开行支持印尼最大民营企业金光集团OKI项目，将其建成世界第一的专做单线纸浆的生产线，年产纸浆达200万吨；同时还促成了三安光电与金光集团的销售战略合作，打开了三安LED产品的印尼市场。②

5. 人文交流日益加强

"一带一路"倡议提出后，中印尼两国建立起了畅通的人文交流机制，这是中国与发展中国家建立的首个高级别人文交流机制。③ 在此背景下，两国在人文交

---

① 林永传、顾时宏：《税前利润年增四成多 中国工行成印尼不可或缺金融机构》，2017年1月18日，中国新闻网，http://www.chinanews.com/cj/2017/01-18/8127448.shtml。

② 吴崇伯、张媛：《"一带一路"对接"全球海洋支点"——新时代中国与印度尼西亚合作进展及前景透视》，《厦门大学学报》（哲学社会科学版）2019年第5期。

③ 《中印尼人文交流机制具有里程碑意义》，2015年5月28日，新华网，http://www.xinhuanet.com/world/2015-05/28/c_1115438348.htm。

流方面取得许多重要成果,表现在文化、旅游、教育等方面。

中印尼在电影、出版、文艺表演等方面,都开展了官方和民间的交流与合作。2014年11月,中国驻印尼大使馆举办的"2014年中国电影周"活动在印尼首都雅加达拉开帷幕,反响热烈。受中国国务院新闻办公室委托,五洲传播出版社于2014年启动"我们和你们"系列丛书,按照一国一品的概念,讲述中国和周边国家传统和现在的友谊与合作,其中中文版的《我们和你们:中国和印度尼西亚的故事》于2016年3月出版,该书的印尼语版也于2017年年初顺利出版。①

在教育方面,中印尼两国的交流与合作蓬勃发展。截止到2018年,两国已合作建立了六所孔子学院和两所孔子课堂,每年培养学生约1.5万人。在留学生交流方面,2018年,印尼来华留学生人数为15050人,位列来华留学生源国第七位。② 中国近115个大学开设印尼语专业,设立了6个印尼研究中心,2016年组建了"中国—印尼高校智库联盟",2017年"中国—印度尼西亚人文交流研究中心"在北京外国语大学成立,

---

① 潘玥:《"一带一路"背景下中印尼合作:成果、问题与对策》,《战略决策研究》2018年第1期。
② 《2018年来华留学统计》,2019年4月12日,中华人民共和国教育部网,http://www.moe.gov.cn/jyb_xwfb/gzdt_gzdt/s5987/201904/t20190412_377692.html。

在旅游方面，中印尼合作不断加深。中印尼联合开展旅游推介活动，促进旅游便利化，提高能力建设，鼓励扩大对旅游产业的投资。2013年两国签署《中国—印尼旅游合作谅解备忘录》。2014年印尼政府通过邀请成龙作为印尼旅游大使、推广奇妙旅游计划、举办印尼经贸旅游投资推介会等行动吸引中国游客。[①] 2015年2月，印尼旅游部推出"郑和旅游线"计划，吸引中国游客。据印尼国家统计局数据，2016年从巴厘岛入境印尼的中国大陆游客为98.7万人次；2017年猛增至135.5万人次，中国首度成为巴厘岛最大外国游客来源地；2018年为136.6万人次，继续保持最大外国游客来源国地位；每人次中国游客在印尼的平均花费超过1000美元。[②]

（三）中国在印尼的主要投资项目

印尼总统佐科认为印尼经济发展的瓶颈主要在于

[①] 陆春艳：《为吸引更多中国旅客 印尼拟任命成龙出任观光大使》，2015年11月13日，中国新闻网，http://www.chinanews.com/hr/2014/08-04/6456912.shtml。

[②] 孙静波：《中国客印尼巴厘岛"游之变"》，2019年9月20日，中国新闻网，https://www.chinanews.com.cn/cj/2019/09-20/8961133.shtml。

其落后的基础设施,因此改善印尼的基础设施是他任内的施政重点。由于印尼国内建设资金的短缺,佐科总统非常重视引进中国的资金来实现自己的发展目标。中国在落实"21世纪海上丝绸之路"倡议中也特别重视印尼重要的战略位置和地区大国的地位。两国在发展大战略上的高度契合,为中国企业在印尼的投资和发展奠定了良好的基础,大量中资企业在"走出去"的过程中取得了令人瞩目的成绩,这些企业与国外合作方的工程合同金额逐年增加,如表4-1所示。

表4-1　　　2008—2020年中国对印度尼西亚承包工程合同金额　　　单位:亿美元

年份	新签合同金额
2008	32.78
2009	18.13
2010	86.83
2011	34.23
2012	48.02
2013	67.82
2014	51.88
2015	73.99
2016	107.25
2017	172.04
2018	114.05
2019	140.80
2020	119.23

资料来源:《中国贸易外经统计年鉴》2008年至2020年。

近年来中国企业在印尼的投资项目除了经济效益外，最重要的是帮助升级印尼的基础设施、便利民众生活，同时中国企业的项目也非常重视本地化，雇用和培训了大批印尼本地工人和技术人员，可以说这些项目是经济和社会效益兼顾的。它们不仅是中印尼友好关系的见证，而且为印尼今后经济的长期发展打下了坚实的基础，为双方今后进一步开展全方位经济合作做好了铺垫。以下是在基础设施建设和能源开发方面具有代表性的双方合作项目。

1. 基础设施方面的项目

（1）雅加达—万隆高铁项目

在中印尼基础设施建设合作中，雅加达—万隆高铁是具有代表性意义的项目。在此项目中，中国、日本展开了激烈的竞争。2015年3—4月，中国国家发改委与印尼国企部分别签署了关于雅万高铁项目合作建设的谅解备忘录和框架安排；2015年10月，中国铁路总公司与印尼相关企业签署协议，这意味着雅加达—万隆（雅万）高铁项目正式由中国企业承接。[1]

中国凭借着战略对接的重要推动力、高铁技术的过硬实力及高度的诚意赢得了雅万高铁项目的竞争。中国

---

[1] 左志刚等：《印度尼西亚经济发展报告（2017）：增长与机会》，社会科学文献出版社2017年版，第115页。

充分尊重印度尼西亚提出的不使用政府预算、不提供主权担保的决定，同意与印度尼西亚在友好协商、平等互利基础上进行合资修建，印度尼西亚占股60%，中方占股40%。中国也承诺向印度尼西亚转移高铁技术，进行本地化生产，帮助印度尼西亚培训高铁管理和运营人才。雅万高铁是中国与印度尼西亚经贸合作的一项重要成果。

目前雅万高铁项目正在平稳有序推进，全线237个工点已经实现全部开工，土建工程的完成量占到土建总量的68%。2020年年初以来，受到新冠疫情的影响，部分工程有所延迟，然而在不懈努力下，参建单位积极克服了防疫措施带来的施工困难，在艰苦的条件下先后实现了5号、3号和7号隧道的顺利贯通，完成了部分重点路段连续梁和框架墩的施工。2020年11月28日，在广西防城港码头，首批由中国发往印尼雅万高铁的钢轨举行了装船首航仪式，这是我国高铁技术出口中具有里程碑意义的事件。[1] 2022年11月16日，在印尼举办G20峰会期间，中国和印度尼西亚合作建设的雅万高铁首次试验运行取得了圆满成功。[2]

---

[1] 万欢：《雅万高铁背后蕴藏的"一带一路"发展观》，2020年12月3日，中国网，http://www.china.com.cn/opinion/theory/2020-12/03/content_76975771.htm。

[2] 朱英：《雅万高铁试验运行圆满成功》，2022年11月17日，中华人民共和国中央人民政府网，http://www.gov.cn/xinwen/2022-11/17/content_5727382.htm。

（2）东加里曼丹岛高速收费公路项目

2015年9月，北京城建中标印度尼西亚东加里曼丹岛高速收费公路项目全长的第五标段，此项目的总价为8500亿印度尼西亚盾（合3.86亿人民币）。北京城建是此次项目主要牵头单位。同时，北京城建也与印尼当地具有较强实力和资质的国有建筑承包企业共同合作，双方建立项目联营共同体。此项目是中印尼优惠贷款合作项目计划的一部分，是两国"一带一路"合作、加强互联互通的示范性工程，具有重要的标志性意义。[1]

（3）万丹电厂塔基地质灾害治理工程总承包项目

万丹电厂塔基地质灾害治理工程总承包项目由中国能建中电工程中南院公司承包，这也是中南院公司第一个海外地质灾害治理总承包项目。此项目包括勘察、评估、设计、采购、施工等内容，此项目的开展也有助于中国企业积累海外拓展经验，发展地质灾害治理业务。[2]

（4）印度尼西亚巨港市轻轨项目

印尼巨港轻轨项目合同工期为2017年2月28日

---

[1] 庄雪雅：《北京城建签约印尼巴厘巴板—萨玛林达高速公路项目》，2015年9月24日，人民网（国际），http://world.people.com.cn/n/2015/0924/c1002-27629699.html。

[2] 中电工程：《中电工程签订印尼地灾治理总承包项目》，2016年3月2日，www.jdzj.com/gongcheng/article/2016-3-4/64295-1.htm。

至 2018 年 4 月 30 日,是印尼为 2018 年亚运会修建的。此项目由中国交建所属中国港湾承建、中交二公局施工。该项目线路总长 45 千米,起点和终点分别为巨港国际机场和巨港札卡巴林体育中心。2018 年 8 月 8 日,此轻轨已全线试运行,为 8 月中旬开幕的 2018 年亚运会提供交通支持。该项目除为当地创造了近千个就业岗位之外,还缓解了巨港市的交通压力。①

(5) 宏发韦立印尼氧化铝公司码头二期工程

2019 年 7 月,中国港湾总承包、四航局负责施工的宏发韦立印尼氧化铝公司码头二期工程项目正式开工。此项目将建设 2.5 个 8000 吨级驳船靠泊码头及相关配套设施。此项目的建成将可促进当地产能的大幅提升并提供众多就业岗位,促进印尼肯达旺甘镇的发展。②

(6) 中印尼"区域综合经济走廊"

2017 年 5 月印尼总统佐科来华出席第一届"一带一路"国际合作高峰论坛时,提出建设"区域综合经济走廊"倡议,即在北苏门答腊、北加里曼丹、北苏拉威西和巴厘四个省建设综合经济走廊。当时称为

---

① 郑世波:《中企承建的印尼巨港轻轨全线试运行 为亚运会提供交通支持》,2018 年 7 月 30 日,新华丝路网,https://www.imsilkroad.com/news/p/104692.html。
② 《宏发韦立印尼氧化铝公司码头二期工程开工》,2019 年 7 月 25 日,基础工程网,http://www.jcgcw.com/news/gongcheng/14/65104.html。

"三北经济走廊",作为中印尼发展战略对接的第二阶段。2018年5月,国务院总理李克强访问印尼期间,两国签署《中华人民共和国国家发展和改革委员会与印度尼西亚共和国海洋统筹部关于推进区域综合经济走廊建设合作的谅解备忘录》,区域经济走廊的合作正式拉开帷幕。① 2021年6月,中国外交部长王毅和印度尼西亚统筹部长卢胡特共同主持了中国印尼高级别对话合作机制首次会议,双方交换了《关于推进区域综合经济走廊建设合作的谅解备忘录》和《关于建立区域综合经济走廊建设合作联合委员会的谅解备忘录》,进一步发展中国与印尼的经济合作。②

(7)"两国双园"合作

2021年1月,中国商务部、福建省人民政府和印尼海洋与投资统筹部签署了《关于中国—印尼"两国双园"项目合作备忘录》,一致同意在平等互利的基础上,推动中印尼"两国双园"项目合作。中方确定福建省福州市福清元洪投资区为中方园区,印尼方采取一园多区模式,确定民丹工业园、阿维尔那工业园

---

① 《中印尼"区域综合经济走廊"建设合作联委会召开首次会议》,2019年3月24日,中国一带一路网,https://www.yidaiyilu.gov.cn/xwzx/gnxw/83663.htm。

② 《王毅卢胡特共同主持中国印尼高级别对话合作机制首次会议》,2021年6月6日,中华人民共和国中央人民政府网,http://www.gov.cn/guowuyuan/2021-06/06/content_5615770.htm。

和巴塘工业园为印尼方合作园区。①

2. 能源开发方面的项目

（1）芝拉扎100万千瓦燃煤电站项目

芝拉扎100万千瓦燃煤电站项目于2016年10月开工，系印尼3500万千瓦电站项目之一，也是中资企业在印尼正式开工的一个百万千瓦级电站项目。此项目将全部使用中国电站设备和技术标准，为印尼的经济发展提供强有力的能源保障。②芝拉扎电厂三期1×100万千瓦燃煤发电机组扩建项目已于2019年11月9日通过168小时试运并投入商业运行，标志着该项目建设阶段工作圆满收官。

（2）明古鲁燃煤电站项目

明古鲁燃煤电站项目于2016年10月正式开工，由中国电力建设集团参与投资建设。此项目的投资总额约为36亿美元，主要由中国工商银行和中国进出口银行提供融资贷款，剩余25%的部分为合资企业的自由资金。③

---

① 《深度融入共建"一带一路"中国—印尼"两国双园"经贸合作机制启动》，2021年3月29日，中华人民共和国商务部网，http://www.mofcom.gov.cn/article/resume/n/202103/20210303047971.shtml。

② 《中国首座百万级千瓦燃煤电站在印尼正式开工》，2016年10月13日，中华人民共和国驻印度尼西亚共和国大使馆经济商务处网站，http://id.mofcom.gov.cn/article/gccb/201610/20161001409134.shtml。

③ 周檬、余谦梁：《中国电建印尼明古鲁燃煤电站项目开工》，2016年10月25日，新华网，http://www.xinhuanet.com/world/2016-10/25/c_129337200.htm。

(3) 爪哇 7 号燃煤电站

爪哇 7 号燃煤电站是印尼国家电力公司面向全球公开招标的独立发电商项目。2015 年 12 月，山东电力工程咨询院有限公司（山东院）、中国能源建设集团浙江火电建设有限公司（浙江火电）组成的联合体配合中国神华打败全球 36 个竞争对手成功中标，此项目也是中国企业出口海外单机容量最大的机组。此项目耗资约 20 亿美元，主要由国家开发银行提供贷款，已于 2016 年 11 月开工。

(4) 塔卡拉燃煤电站

2018 年 8 月 8 日，中国能建旗下葛洲坝集团 EPC 总承包的印尼塔卡拉燃煤电站项目圆满收官，这也是首个由中国设计和建造、采用国际标准的、葛洲坝集团承建完工的海外火电站项目。塔卡拉燃煤电站位于印度尼西亚南苏拉威西省吉利普多市，总装机容量 2×100MW，为印尼第二期 1000 万千瓦电力发展计划重点项目之一，电站提前建成投产有效缓解了苏拉威西省南部地区电力供应紧张的局面。①

(5) 中加里曼丹 HAI 煤矿项目

2019 年 8 月 22 日，中国电建与印尼泛太平洋集团签署了印尼中加里曼丹 HAI 煤矿 500 万吨煤炭开采运输

---

① 王沥慷：《印尼塔卡拉燃煤电站项目提前竣工》，2018 年 8 月 10 日，中国一带一路网，https://www.yidaiyilu.gov.cn/xwzx/roll/62514.htm。

项目合同。HAI 煤矿项目分为两个矿区，总占地面积 4 万余公顷，探明储量超过 2000 万吨。[①] 该项目的签约是中国电建在印度尼西亚市场新业务领域的又一次突破。

（6）巴厘岛燃气电站

2019 年 11 月 29 日，上海电气公司与印尼当地开发商吉卡兰巴旺公司在印尼首都雅加达总统府签订巴厘岛 2×400MW 联合循环燃气电厂 EPC 合同。这是中国企业在印尼承接的首个高效清洁燃气联合循环电厂总承包项目。该项目将在巴厘岛布莱伦（Buleleng）县 Celukan Bawang 地区兴建燃气发电站，投资价值约达 13 亿美元。[②] 根据计划，项目最早将在 2020 年年底完成融资闭口并开工建设，在 2024 年前实现并网发电。

（7）Baloi 30MW 燃气发电 EPC 总承包项目

2020 年 4 月 24 日，泰豪国际成功中标印尼 Baloi 30MW 燃气发电 EPC 总承包项目。该项目总装机容量 31MW，拟安装 4 台中速往复式燃气发电机组，同时配套建设燃气调压及输送系统、压缩空气系统、冷却系统、排烟系统、供水系统、水处理系统、污水处理系

[①]《中国电建签署印度尼西亚中加里曼丹 HAI 煤矿开采运输项目合同》，2019 年 8 月 28 日，中国对外承包工程商会网，https://www.chinca.org/CICA/info/19082809583511。

[②]《上海电气公司将投资 13 亿美元建巴厘岛燃气电站》，2019 年 12 月 11 日，中华人民共和国驻印度尼西亚共和国大使馆经济商务处网站，http://id.mofcom.gov.cn/article/dzhz/201912/20191202921338.shtml。

统、电厂黑启动系统、空气调节及通风系统、火灾报警及消防系统、电气系统、控制系统、通信系统、视频监控系统及其他附属系统。该项目所发电力经厂内升压后以20kV电压等级接入印尼国家电力公司。[1] 该项目建设周期10个月，2021年3月底调试完成并移交业主，项目建成后每年可实现向PLN供电2.1亿kwh。[2]

（8）门达朗水电站

2020年5月11日，中国能建国际公司签署了印尼门达朗100兆瓦水电站项目EPC合同。这是该公司在新冠疫情在全球蔓延的特殊时期，积极有序推进国际市场开发的重要成果。该项目位于印度尼西亚加里曼丹岛东部马丽瑙区门达朗流域，毗邻印尼新规划首都婆罗洲，主要工作内容为100兆瓦水电发电项目的设计、采购、施工、调试和试验等。项目建成后将为婆罗洲发展提供有力支持，为印尼新首都建设、环境保护发挥积极作用。[3]

---

[1] 《泰豪国际中标印度尼西亚 Baloi 30MW 燃气发电 EPC 总承包项目》，2020年4月24日，中国对外承包工程商会网，https://www.chinca.org/CICA/info/20042411160911。

[2] 《泰豪国际中标印度尼西亚 Baloi 30MW 燃气发电 EPC 总承包项目》，2020年4月24日，中国对外承包工程商会网，https://www.chinca.org/CICA/info/20042411160911。

[3] 李扬：《中国能建国际公司签订印尼门达朗水电站合同》，2020年5月11日，人民网，http://paper.people.com.cn/zgnyb/html/2020-05/11/content_1986692.htm。

(四)疫情背景下的中印尼合作及"一带一路"建设

2020年年初,新冠疫情暴发并迅速蔓延至全球,在中国抗击疫情最困难的时刻,印尼总统致电慰问并表示已向中国提供了一批医疗防护用品,未来还将提供必要协助;4月,双方还通过一系列活动庆祝两国建交七十周年;另外,两国还组织了"中印尼政党携手抗疫""常态化疫情防控中的复工复产经验交流"等视频会议,共同讨论了疫情防控、复工复产以及"一带一路"框架下经贸投资、海洋渔业等领域的合作问题。随着当时国内疫情的逐渐缓和,自2020年3月开始,中国多次向印尼提供大量医疗物资援助,并分享防疫经验。同时,两国高层来往密切,除总统通话外,中国外长还先后与印尼外长、总统特使举行会谈,达成了一系列合作抗疫的共识,其中包括大力支持双方正在进行的疫苗三期试验,全方位开展疫苗研发和使用合作;开辟"快捷通道",使双方人员往来便捷通畅,维护产业链供应链稳定运行,助力彼此经济复苏;利用中国进口博览会等加强经济交流,持续推进"一带一路"标志性项目的建设;加强数字经济、人工智能等领域的创新性合作以及在南海等有关地区安全问题上达成了共识。在整个抗疫过程中，中印尼两国开展了良好的对话和合作，加深了双方的政治互信。

但是新冠疫情依然给中印尼两国的经贸合作带来了一定的挑战。据统计，中国2020年第一季度国内生产总值同比下降6.8%，这是1992年中国开始公布季度GDP数据以来的最低数值，印尼也在疫情影响下经济陷入衰退，税收缩减、企业收入明显减少。中印尼两国经济遭受的冲击也给两国"一带一路"项目的建设带来了一定的困难：首先，疫情带来的生产减少、内需不振使得印尼国家税收和财政收入下降，公共工程预算削减，导致一些"一带一路"建设项目出现了不同程度的延误。其次，疫情防控下各国采取不同程度的封闭措施，航班停飞、大规模隔离，使得两国人员流动困难，参与项目的中方人员无法返岗，本地劳动力明显不足。在交通管制下，口岸等物流通道封闭，严重影响了全球供应链和产业链的正常运转，项目建设所必需的设备、材料等都出现短缺。[①] 最后，旅游等第三产业受疫情影响最大，据统计，印尼各服务行业收入降低的幅度都在90%以上。因此，新冠疫情在短期内确实给两国的经贸合作和"一带一路"建设项目

---

① 郑建成、王卓：《新冠疫情下的"一带一路"：回顾与展望》，《东北亚经济研究》2020年第4期。

的推进带来了一定的负面影响。

然而危机中总伴随着机会,在两国政府的高度重视和合作之下,疫情终会得到控制,两国的经贸合作不会因为疫情的暂时冲击而停下脚步,患难中的互助将为后疫情时代两国的"一带一路"合作打下更加坚实的基础。疫情期间,中国和印尼政府都采取了一系列应对措施以最大可能地降低疫情带来的负面影响,如雅万高铁、德龙工业园等项目都通过采用数字化生产、提高人员和物资属地化等方式提升建设效率,争取早日完工。[①] 中国与印尼的"一带一路"合作项目帮助印尼加强了基础设施建设,促进其产业升级、经济发展以及工业化水平的进一步提升。疫情带来的经济压力使得印尼有更大的意愿加强同中国的经济合作,分享中国经济在后疫情时代率先复苏的发展红利,以重振国内经济。此外,在此次抗击新冠疫情的过程中,中印两国互相提供物资援助,积极进行医疗卫生领域的合作,中国还主动分享抗疫经验,派出医疗团队对外提供医疗援助,展现了大国担当,树立了负责任的大国形象,这些都为接下来双方的深化合作奠定了基础。

在共同对抗疫情的过程中,两国拓展了"一带一

[①] 张洁、唐晴:《妥善化解疫情对东南亚"一带一路"项目的冲击》,《世界知识》2020年第13期。

路"合作的新领域。中国政府适时提出了打造"健康丝绸之路"的理念，促进与"一带一路"沿线国家在公共卫生领域合作，构建卫生健康共同体，使得"一带一路"倡议更具深度和广度。[①] 2020 年 12 月 6 日，印尼政府接收了第一批 120 万剂来自中国科兴生物的新冠疫苗，这极大地鼓舞了印尼抗击新冠疫情的信心，也为印尼经济复苏创造了良好环境。与此同时，疫情还催生了新业态的发展，除"健康丝绸之路"外，"数字丝绸之路"也因为此次疫情而被广泛关注。网购、线上课堂、线上会议等解决了疫情期间的许多工作、娱乐问题，"互联网＋"模式被大众普遍接受，数字经济得以快速发展。印尼等东盟国家在发展数字经济方面开始广泛寻求与中国的合作，双方在数字化防疫抗疫、数字化基础设施建设等方面都有很大的合作潜力。[②] 这不但有利于促进印尼等国的经济转型，也将扩大中国数字经济产业的市场，开拓发展前景，是"一带一路"背景下双方互利共赢的又一重要思路。

[①] 陈珏：《新冠肺炎疫情对"一带一路"建设的影响》，《中国商论》2020 年第 18 期。
[②] 王子晗：《"一带一路"倡议下中国—东盟两地数字经济合作研究》，《商场现代化》2020 年第 15 期。

五 结论

印尼是"21世纪海上丝绸之路"沿线的重要国家，中国与印尼在国家发展战略上高度契合，双方有着密切的经贸联系。随着中国在印尼投资的稳步增长，研究印尼的对外经济政策对于防范投资风险，更好地促进中印之间的经贸合作有着非常重要的意义。

本报告通过回顾印尼建国以来对外经济政策演变的历史，将其分为三个历史阶段，分别是：独立后初期、苏哈托时期以及后亚洲金融危机时代。印尼在独立初期的对外经济政策主要是服务于建立自己的独立工业体系，为此印尼政府将自然资源收归国有，并实行了对外资的限制政策。苏哈托当政时期的对外经济政策经历了从开放到限制再到有限开放的变化过程。苏哈托当政早期对外资比较开放，而在中期则由于国内的反对和国际油价的上涨，采取了对外资限制的政策。而苏哈托当政后期，由于国际出口市场的萎靡，汇率的变动，导致印尼的对外经济政策再次向外资开放，以吸引经济发展所需要的资金。在后亚洲金融危机时代，印尼的对外经济政策总的来说是不断走向开放的，特别是苏西洛和佐科总统任内，印尼出台了一系列鼓励外商投资和完善印尼营商环境的举措，为经济的发展打下了良好的基础，也为中国和印尼之间的经济合作提供了难得的机遇。

通过梳理印尼对外经济政策的演变，本报告认为可以从两个方面来理解印尼对外经济政策变迁的根源。首先是国内政治因素，对外经济政策的保护或开放，往往来自国内政治的压力。例如，苏哈托执政中期的保护主义政策，就是由于外资，特别是日本的投资大量涌入，引发了国内民众的抗议，导致政府收紧对外经济政策，采取保护主义的立场，回应民众发展民族工业的诉求。进入政治转型时期后，印尼国内政治中一些新的因素将会对其对外经济政策的出台和实施产生影响。比如，选举周期、地方分权的发展、社会组织的壮大等。其次，国际经济的大环境也会影响印尼的对外经济政策。亚洲金融危机以后，印尼因为接受IMF等国际经济组织的经济援助，不得不开放市场，国际组织的推动是亚洲金融危机后印尼经济走向开放的重要原因。

中国的"一带一路"倡议与印尼的"海洋强国"

大战略高度契合，两国经贸合作在近年有了长足的发展，一些标志性的项目，如雅万高铁等纷纷上马。2022年7月，印尼总统佐科访问中国，成为北京冬奥会结束以来访问中国的首个外国国家元首，两国领导人发表了联合声明，表示要将两国的合作项目，比如"区域综合经济走廊"以及"两国双园"等更好地推进下去。在新冠疫情期间，两国加强了在卫生领域的合作并且找到了新的合作点，相信在两国领导人的高度重视下，中国和印尼的经贸合作将在后疫情时代迎来更加美好的明天。

主要参考文献

一 中文文献

《印尼开始落实工业4.0路线图》,《国际日报》2018年10月5日A3版。

蔡德仿:《印度尼西亚劳动争议处理法律制度探究》,《改革与战略》2013年第4期。

曹景行:《80年代中期印尼的经济调整》,《世界经济研究》1988年第1期。

陈珏:《新冠肺炎疫情对"一带一路"建设的影响》,《中国商论》2020年第18期。

饭田吉辉、贝红:《印度尼西亚的外资政策和外资情况》,《南洋资料译丛》1977年第3期。

甘燕飞:《东南亚非政府组织:源起、现状与前景——以马来西亚、泰国、菲律宾、印度尼西亚为例》,《东南亚纵横》2012年第3期。

吉香伊:《印度尼西亚工业化的进程和发展策略》,

《东南亚纵横》2017年第3期。

江振鹏、丁丽兴:《印度尼西亚民主化改革以来华人经济的新发展及其启示》,《当代中国史研究》2016年第6期。

井上治:《走向分裂的印度尼西亚》,《南洋资料译丛》2002年第2期。

李次园:《印度—印度尼西亚海洋安全合作:新特征、逻辑动因与未来动向》,《太平洋学报》2020年第8期。

李濛、宋科:《东亚金融危机:典型事实与成因逻辑》,《中国流通经济》2013年第3期。

廖萌:《21世纪海上丝绸之路背景下中国企业投资印尼研究》,《亚太经济》2018年第1期。

廖永红:《浅谈华侨华人对东南亚经济发展的影响——以印度尼西亚为例》,《新西部》2011年第21期。

卢泽回:《经济转型背景下印尼农业结构演变研究》,《生产力研究》2014年第4期。

卢泽回:《印度尼西亚产业结构演变研究》,经济管理出版社2018年版。

聂德宁:《全球化下中国与东南亚经贸关系的历史、现状及其趋势》,厦门大学出版社2006年版。

潘玥:《"一带一路"背景下印尼的中国劳工问题》,《东南亚研究》2017年第3期。

潘玥：《"一带一路"背景下中印尼合作：成果、问题与对策》，《战略决策研究》2018年第1期。

彭晓钊：《印尼服务业发展研究》，《对外经贸》2017年第2期。

孙西辉：《中等强国的"大国平衡外交"——以印度尼西亚的中美"平衡外交"为例》，《印度洋经济体研究》2019年第6期。

汪慕恒：《印度尼西亚外资政策的演变》，《当代亚太》1995年第6期。

王勤：《中国与东盟经济关系新格局》，厦门大学出版社2004年版。

王受业：《印尼外债述评》，《亚太研究》1993年第1期。

王玥：《佐科政府的经济外交探析》，《国际研究参考》2020年第1期。

王子晗：《"一带一路"倡议下中国—东盟两地数字经济合作研究》，《商场现代化》2020年第15期。

温北炎：《印度尼西亚：2007年回顾与2008年展望》，《东南亚纵横》2008年第2期。

吴崇伯：《当代印度尼西亚经济研究》，厦门大学出版社2011年版。

吴崇伯：《印尼的新外资政策与外资热》，《外国经济与管理》1995年第9期。

吴崇伯：《印尼制造业振兴计划及其成效与困境分析》，《东南亚研究》2016年第3期。

吴崇伯、张媛：《"一带一路"对接"全球海洋支点"——新时代中国与印度尼西亚合作进展及前景透视》，《厦门大学学报》（哲学社会科学版）2019年第5期。

吴婷：《苏西洛执政以来印尼外国直接投资流入结构变化及其原因分析》，《东南亚纵横》2011年第11期。

熊灵、陈美金：《中国与印尼共建21世纪海上丝绸之路：成效、挑战与对策》，《边界与海洋研究》2017年第2期。

许利平：《前进内阁能否带领印尼前进》，《世界知识》2019年第23期。

许利平：《印尼—印度战略伙伴关系：动因、发展及影响》，《南亚研究季刊》2011年第2期。

许利平：《印尼的地方自治：实践与挑战》，《东南亚研究》2010年第5期。

许爽：《试论林绍良企业集团的发展特点》，《东南亚纵横》2005年第11期。

杨建国：《论析后冷战时代美国的印度尼西亚政策》，《东南亚纵横》2017年第3期

杨晓强、王翕哲：《印度尼西亚：2017年回顾与2018年展望》，《东南亚纵横》2018年第1期。

杨晓强：《印度尼西亚：2021年回顾和2022年展望》，《东南亚纵横》2022年第1期。

余珍艳：《印度尼西亚基础设施建设现状及"一带一路"倡议推进下中国与印度尼西亚合作的路径》，《东南亚纵横》2017年第6期。

张洁、唐晴：《妥善化解疫情对东南亚"一带一路"项目的冲击》，《世界知识》2020年第13期。

郑建成、王卓：《新冠疫情下的"一带一路"：回顾与展望》，《东北亚经济研究》2020年第4期。

郑一省、陈思慧：《印度尼西亚与中国政经关系互动60年》，《东南亚纵横》2010年第7期。

周方冶：《"一带一路"建设政治环境评估的思路与方法——基于泰国与印度尼西亚的案例分析》，《北京工业大学学报》（社会科学版）2016年第5期。

左志刚等：《印度尼西亚经济发展报告（2017）：增长与机会》，社会科学文献出版社2017年版。

二 英文文献

Adrew MacIntypre, "Politics and The Reorientation of Economic Policy in Indonesia", in *The Dynamics of Economic Policy Reform in South-East Asia and The South-West Pacific Singapore*: Oxford University Press, 1992.

Amy Freedman, "Political Institutions and Ethnic Chinese Identity in Indonesia", *Asian Ethnicity*, Vol. 4, No. 3, 2003.

Andrew Rosser, *The Politics of Economic Liberalization in Indonesia: State, Market and Power*, Routledge, 2013.

Ann Marie Murphy, "Indonesia And Globalization", *Asian Perspective*, Vol. 23, No. 4, 1999.

Ann Marie Murphy, "US Rapprochement with Indonesia: From Problem State to Partner", *Contemporary Southeast Asia*, Vol. 32, No. 3, 2010.

Asian Development Bank and World Bank, *Improving Investment Climate in Indonesia*, Asian Development Bank, 2005.

Benny Hari Juliawan, "Street-level Politics: Labor Protests in Post-authoritarian Indonesia", *Journal of Contemporary Asia*, Vol. 41, No. 3, 2011.

Daryono, *The Alternative Dispute Resolution (ADR) and Customary (adat) Land Dispute in Indonesia*, Leiden: KITLV Press, 2004.

Edward Aspinall, "Democratization and Ethnic Politics in Indonesia: Nine Theses", *Journal of East Asian Studies*, Vol. 11, No. 2, 2011.

Eve Warburton, "Indonesian Politics in 2016: Jokowi and the New Developmentalism", *Bulletin of Indonesian Economic Studies*, Vol. 52, No. 3, 2016.

Hal Hill, *Foreign Investment and Industrialization in Indone-*

sia, Oxford University Press, 1988.

Heinz Arndt, "Banking in Hyperinflation and Stabilisation", in B. Glassburner ed., *The Economy of Indonesia*, Cornell University Press, 1966.

Heinz Arndt, "Economic Disorder and The Task Ahead", in *Sukarno's guided Indonesia*. Edited by T. K. Tan. Jacaranda Press: Brisbane, 1967.

J. Thomas Lindblad, "Foreign Direct Investment In Indonesia: Fifty Years Of Discourse", *Bulletin of Indonesian Economic Studies*, Vol. 51, No. 2, 2015.

Jeffrey Alan Winters, *Power in Motion: Capital Mobility and the Indonesian State*, Cornell University Press, 1996.

K. Kuswanto, Herman W. Hoen and Ronald L. Holzhacker, *Decentralization, Foreign Direct Investment and Development in Indonesia*, Springer, 2016.

Kai Ostwald, Yuhki Tajima and Krislert Samphantharak, "Indonesia's Decentralization Experiment: Motivations, Successes, and Unintended Consequences", *Journal of Southeast Asian Economies*, Vol. 33, No. 2, 2016.

Paul J. Carnegie, "Democratization and Decentralization in Post-Soeharto Indonesia: Understanding Transition Dynamics", *Pacific Affairs*, Vol. 81, No. 4, Winter, 2008/2009.

Rachel Haverfield, *Hak Ulayat and the State: Land Reform*

in Indonesia, Sydney: The Federation Press, 1994.

Rudy Rahmaddi and Masaru Ichihashi, "The Role Of Foreign Direct Investment in Indonesia's Manufacturing Exports", *Bulletin of Indonesian Economic Studies*, Vol. 49, No. 3, 2013.

Sha. q Dhanani and Syed Asif Hasnain, "The Impact Of Foreign Direct Investment On Indonesia's Manufacturing Sector", *Journal of the Asia Pacific Economy*, Vol. 7, No. 1, 2002.

Sutiyo and Keshav Lall Maharjan, *Decentralization and Rural Development in Indonesia*, Springer, 2017.

Thee Kian Wie, "Interactions of Japanese Aid and Direct Investment in Indonesia", *ASEAN Economic Bulletin*, Vol. 11, No. 1, 1994.

Thomas B. Pepinsky and Maria M. Wihardja, "Decentralization and Economic Performance in Indonesia", *Journal of East Asian Studies*, Vol. 11, No. 3, 2011.

Vedi R. Hadiz, *Islamic Populism in Indonesia and the Middle East*, Cambridge University Press, 2016.

Verena Beittinger-Lee, *Civil Society and Political Change in Indonesia: A Contested Arena*, Routledge, 2013.

World Bank, *World Development Report* 1981, Oxford University Press, 1981.

夏敏，贵州遵义人，1994—2001年在中国人民大学国际关系学院学习，获国际关系专业硕士学位。2009年获美国老领地大学政治学系国际研究专业博士学位，研究领域为国际政治经济学和比较政治学。现为中国人民大学国际关系学院副教授，比较国际政治经济研究所研究员。研究兴趣主要是全球化背景下的政府治理与区域发展、发展政治经济学理论与案例。出版专著1部，在中英文学术刊物发表多篇论文。